全国会计从业资格无纸化考试辅导用书

会计电算化
核心考点强化与备考演练

全国会计从业资格无纸化考试辅导用书编写组 编

中国人事出版社

图书在版编目(CIP)数据

会计电算化核心考点强化与备考演练/全国会计从业资格无纸化考试辅导用书编写组编. —北京:中国人事出版社,2015
全国会计从业资格无纸化考试辅导用书
ISBN 978-7-5129-0857-4

Ⅰ.①会… Ⅱ.①全… Ⅲ.①会计电算化-资格考核-习题集 Ⅳ.①F232-44

中国版本图书馆 CIP 数据核字(2015)第 143950 号

中国人事出版社出版发行
(北京市惠新东街1号 邮政编码:100029)
*
保定市中画美凯印刷有限公司印刷装订　　新华书店经销
880 毫米×1230 毫米　32 开本　7.125 印张　170 千字
2015 年 7 月第 1 版　2015 年 7 月第 1 次印刷
定价:20.00 元

读者服务部电话:(010) 64929211/64921644/84643933
发行部电话:(010) 64961894
出版社网址:http://www.class.com.cn

版权专有　　侵权必究
如有印装差错,请与本社联系调换:(010) 80497374
我社将与版权执法机关配合,大力打击盗印、销售和使用盗版图书活动,敬请广大读者协助举报,经查实将给予举报者奖励。
举报电话:(010) 64954652

编写人员名单

主　　编：张　华
副 主 编：孙本梓　虞根松
编写人员：李　健　郑继红　罗晓靖　陆梅群　张丽丽
　　　　　齐福壮　鲍秀丽　王　伟　武开兵　任卫红
　　　　　徐海霞　刘　影　朱　钰　李丽英　李　杰
　　　　　耿彩红　钟　静　崔旭蕾　冯倩倩　董　振
　　　　　王　睿　杨路路　张　丽　罗婷婷　韩　琴
　　　　　夏　雨　郭大刚　李　玲　吴肖娅　吴道志
　　　　　周　转　梁晓东　蔡华钊　徐莉莉　汪海峰
　　　　　吴　凌　朱泽栋　彭金晶　任立献　邓远欣
　　　　　孙　敏　叶青青　唐振云　王珮珮　胡　军

前言
Preface

国家实行会计从业资格考试制度。进入会计专业、从事会计工作的人员，必须通过会计从业资格考试，取得会计从业资格证书。随着我国社会主义市场经济的健全完善，以及金融全球化的深入发展，会计工作在市场经济中的地位不断提升、作用不断增强，会计从业资格受到越来越多的考生的重视，考试报名人数常年居高不下，竞争日趋激烈。

近年来，会计从业资格考试无纸化趋势的发展实践证明，仅仅依靠读教材、背重点、押考点的传统路径是行不通的。这就好比是"纸上谈兵"，没有阅读过以往的真题，没有经历过考前的模拟，等到上考场时，往往就会出现时间分配不合理、题型不熟悉、书中知识点不能灵活应用等一系列问题，并最终导致考生发挥失常，考试成绩不合格，进而制约职业生涯发展。

为帮助考生熟悉重要知识点、强化应试能力，并在复习中起到事半功倍的效果，顺利通过会计从业资格考试，中国人事出版社邀请具有丰富考试研究和培训经验的资深教师专家组成编写组，结合最新修订的2014版会计从业资格考试大纲，编写了这套《全国会计从业资格无纸化考试辅导用书》。此套丛书共六册，包括《会计基础》《财经法规与会计职业道德》和《会计电算化》三个科目的《轻松过关100分上机考试题库》和《核心考点强化与备考演练》。丛书通过对新大纲颁布以来全国不同省市会计从业资格考试真题的深入研究和对近万名考生学习方法、答题习惯、知识点掌握情况的

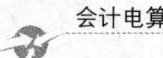

深入了解，严格遵循考生认知规律，区别各考点的难易程度，紧扣考试大纲而编写，是一套作者权威、实用性强、贴近实战、重点突出的理想辅导用书。

本套丛书的特点在于：

权威：以新大纲为依据，凸显较强的指导性和权威性。由权威教授、专家严格依据最新考试大纲和命题发展趋势，总结考试研究和培训经验，对新大纲列示考核要点逐一进行了讲解、考察，是模拟"真实"考题的理想辅导用书。

贴真：内容全面精准，具有很强的实战性和预测性。严格按照全国会计从业资格考试热点、难点，结合真题题型与题量，针对考纲列示的新增考点和新命题动态，以贴真、高效为命题原则，深度挖掘考点，熔炼历年真题，具有"真、准、精、好"的独有特色。

深度：突出广度与深度的备考要求，具有极强的系统性与针对性。在研究新大纲和历年真题的前提下，细化每一个可能成为命题点的知识点，从广度与深度入手，做到详略得当、重点突出、深挖细抠，剔除不考内容，强化必考、常考知识点，对易考点、易错点和难点进行着重练习。

考虑到会计从业资格无纸化考试的客观需求，为更好服务考生，我们开发了权威串讲视频随书附赠。内含优秀教师对高频考点的分析，授技巧之法，点过关之术。光盘中还附有各科目考试大纲，帮助考生轻松备考。

由于会计从业资格考试的命题趋势每年都在变化，再加上时间紧迫，不周之处希望大家能够谅解。

编写组

目录 Contents

第一部分　学习导读

第二部分　同步辅导及强化训练

第一章　会计电算化概述 /4

考情分析 /4

知识结构图示 /4

本章知识要点 /4

　第一节　会计电算化的概念及其特征 /4

　第二节　会计软件的配备方式及其功能模块 /8

　第三节　企业会计信息化工作规范 /17

题库・同步强化练习 /22

参考答案及解析 /37

第二章　会计软件的运行环境 /48

考情分析 /48

知识结构图示 /48

本章知识要点 /48

　第一节　会计软件的硬件环境 /48

　第二节　会计软件的软件环境 /52

　第三节　会计软件的网络环境 /54

　第四节　会计软件的安全 /56

题库・同步强化练习 /62

参考答案及解析 /75

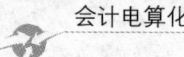

第三章 会计软件的应用 /84

考情分析 /84

知识结构图示 /84

本章知识要点 /85

    第一节 会计软件的应用流程 /85

    第二节 系统级初始化 /87

    第三节 账务处理模块的应用 /94

    第四节 固定资产管理模块的应用 /105

    第五节 工资管理模块的应用 /111

    第六节 应收管理模块的应用 /114

    第七节 应付管理模块的应用 /118

    第八节 报表管理模块的应用 /121

题库·同步强化练习 /125

参考答案及解析 /148

第四章 电子表格软件在会计中的应用 /163

考情分析 /163

知识结构图示 /163

本章知识要点 /163

    第一节 电子表格软件概述 /163

    第二节 数据的输入与编辑 /172

    第三节 公式与函数的应用 /176

    第四节 数据清单及其管理分析 /184

题库·同步强化练习 /190

参考答案及解析 /208

第一部分　学习导读

一、2015 年考试主要变化

2015 年会计从业资格考试大纲以财政部 2014 年公的《会计从业资格考试大纲（修订）》为依据。与旧大纲相比，新的《会计电算化》大纲整体章节有不少变化。

第一章基本全部进行了更新。第二章主要是整合和删减，并在具体细节上进行了调整修改。原第三章全部删除。原第四章调整为第三章，主要在会计软件的各个模块的应用上进行了细化讲解，新增了报表管理模块。新增第四章电子表格软件在会计中的应用的相关内容。

二、应试技巧

会计从业资格考试多以选择题及判断题等客观题的形式出现。这里主要介绍这两种题型的应试技巧。

1. 选择题答题技巧

答好选择题，必须掌握一定的基础知识。但如果在此基础上再掌握一些答题技巧，就将使考生如虎添翼。下面的提示有助于考生掌握答题的技巧：

（1）按题目要求答题。有不少考生连题目的要求都没看清楚就开始答题了。比如，单项选择题要求选择一个最佳答案，显然，除最佳答案之外，备选项中的某些答案，也可能具有不同程度的正确性，只不过是不全面、不完整罢了。而我们有些考生，一看题干，紧接着就被一个"好的"或"有吸引力的"备选答案选项吸引住了，对其余的答案选项连看都不看一眼就放过去，从而失去了许多本应该得分的机会。请记住，一定要看清所有的答案选项。一道设题周密的单项选择题，所有的答案选项都可能具有吸引力，然而却只有一个是正确的答案。

（2）运用排除法。如果正确答案不能一眼看出，应首先排除明显是荒诞、拙劣或不正确的选项。一般来说，对于选择题，尤其是单项选择题，题干与正确的答案选项几乎直接抄自指定教材或法规，其余的备选项要靠命题者自己去设计，即使是高明的命题专家，有时为了凑数，他所写出的备选项也有可能一眼就可看出是错误的。尽可能排除一些选择项，就可以提高考生选对答案而得分的概率。

（3）运用猜测法。如果不知道确切的答案，也不要放弃，要充分利用所学知识去猜测。一般来说，排除的选项越多，猜对正确答案的可能性就越大。

（4）运用比较法。直接把各个答案选项加以比较，并分析它们之间的不同点，集中考虑正确选项和错误选项的关键所在。

总之，由于选择题命题难度大，因此不是所有答案选项都是很理想的。有些选项可以排除掉，从而提高选择正确率。要做到这一点，建议最好仔细考虑各答案选择，把备选项与题干、备选项与备选项联系起来考虑。不要盲目胡猜，不要选择那些看起来像、读起来很有吸引力的错误答案选项，以免中了命题者的圈套。

2．判断题答题技巧

判断题通常不以问题出现，而以陈述句出现，要求考生判断一条陈述事实的正确性，或判断两条或两条以上的陈述事实、事件和概念之间关系的正确性。考生应指出它的正确或错误。

对于命题者来说，要构思一个绝对正确或绝对错误的命题是比较困难的。尤其是说某道命题正确时，它的各项因素必须都是正确的。因此，判断题中常常会有表示绝对概念或相对概念的词，表示绝对概念的词有"总是""绝不"等，表示相对概念的词有"通常""一般""多数情况下"等。了解这一点，将为考生确定正确答案提供帮助。

在某些情况下，一种说法有时可以说是正确的，有时可以说是错误的。因此，考生在答题时，需要对试题内容进行分析，然后再作出"对"或"错"的判断。下面一些原则，或许会对考生有一定的帮助：

(1) 命题中含有表示绝对概念的词，这道题很可能是错的。统计表明，大部分带有绝对概念词的问题对的可能性小于错的可能性。当考生对含有表示绝对概念词的问题没有把握作出准确判断时，想一想是否有什么理由来证明它是正确的，如果你找不出任何理由，"错"就是最佳的选择。

(2) 命题中含有表示相对概念的词，这道题很可能是对的。

(3) 只要试题有一处错，该题就全错。

(4) 酌情猜测。实在无法确定答案的，请看清试题评分要求。如试题未注明要倒扣分数，哪怕没有足够的时间阅读题目，也一定要猜测作答，答对的概率是 50%，切莫放过这种可能"捡来的"分数。

第二部分 同步辅导及强化训练

第一章 会计电算化概述

【考情分析】

本章内容在考试中主要涉及选择题与判断题,重点内容主要包括:ERP 系统、XBRL 的历程、作用与优势、会计软件的配备方式及功能模块。

本章是全书的基础章节,其相关知识点以概括性理解为主,具体的详细内涵会在后续相关章节中进行阐述。

【知识结构图示】

会计电算化概述
- 会计电算化的概念及特征
  - 会计电算化的相关概念
  - 会计电算化的特征
- 会计软件的配备方式及其功能模块
  - 会计软件的配备方式
  - 会计软件的功能模块
- 企业会计信息化工作规范
  - 会计软件和服务的规范
  - 企业会计信息化的工作规范
  - 会计信息化的监督管理

【本章知识要点】

第一节 会计电算化的概念及其特征

一、会计电算化的相关概念

(一)会计电算化

会计电算化有狭义和广义之分。狭义的会计电算化是指以电子计算机为主体的电子信息技术在会计工作中的应用;广义的会计电算化是指与实现电算化有关的所有工作，包括会计软件的开发应用及其软件市场的培育、会计电算化人才的培训、会计电算化的宏观规划和管理、会计电算化制度建设等。

（二）会计信息化

会计信息化是指企业利用计算机、网络通信等现代信息技术手段开展会计核算，以及利用上述技术手段将会计核算与其他经营管理活动有机结合的过程。

相对于会计电算化而言，会计信息化是一次质的飞跃。

（三）会计软件

会计软件是指专门用于会计核算、财务管理的计算机软件、软件系统或者其功能模块，包括一组指挥计算机进行会计核算与管理工作的程序、存储数据以及有关资料。

会计软件具有以下功能：

（1）为会计核算、财务管理直接提供数据输入；

（2）生成凭证、账簿、报表等会计资料；

（3）对会计资料进行转换、输出、分析、利用。

（四）会计信息系统

会计信息系统（Accounting Information System，AIS），是指利用信息技术对会计数据进行采集、存储和处理，完成会计核算任务，并提供会计管理、分析与决策相关会计信息的系统，其实质是将会计数据转化为会计信息的系统，是企业管理信息系统的一个重要子系统。

会计信息系统根据信息技术的影响程度可划分为手工会计信息系统、传统自动化会计信息系统和现代会计信息系统；根据其功能和管理层次的高低，可以分为会计核算系统、会计管理系统和会计决策支持系统。

【经典例题·单选】将会计信息系统分为会计核算系统、会计管理系统和会计决策支持系统的分类依据是（　　）。
　　A. 信息技术影响程度　　　　B. 功能和管理层次
　　C. 系统操作方式　　　　　　D. 系统的规模
【答案】B
【解析】根据功能和管理层次，可将会计信息系统分为会计核算系统、会计管理系统和会计决策支持系统。

（五）ERP 和 ERP 系统

ERP（Enterprise Resource Planning 的简称，译为"企业资源计划"），是指利用信息技术，一方面将企业内部所有资源整合在一起，对开发设计、采购、生产、成本、库存、分销、运输、财务、人力资源、品质管理进行科学规划；另一方面将企业与其外部的供应商、客户等市场要素有机结合，实现对企业的物资资源（物流）、人力资源（人流）、财务资源（财流）和信息资源（信息流）等资源进行一体化管理（即"四流一体化"或"四流合一"），其核心思想是供应链管理，强调对整个供应链的有效管理，提高企业配置和使用资源的效率。

在功能层次上，ERP 除了最核心的财务、分销和生产管理等管理功能以外，还集成了人力资源、质量管理、决策支持等企业其他管理功能。会计信息系统已经成为 ERP 系统的一个子系统。

【经典例题·单选】ERP 在会计电算化中指（　　）。
　　A. 管理信息系统　　　　　　B. 企业资源计划
　　C. 制造资源计划　　　　　　D. 专家计划
【答案】B
【解析】ERP 是 Enterprise Resource Planning 的简称，译为企业资源计划。

（六）XBRL

XBRL（eXtensible Business Reporting Language 的简称，译为

"可扩展商业报告语言"），是一种基于可扩展标记语言（Extensible Markup Language）的开放性业务报告技术标准。

1. XBRL 的作用与优势

XBRL 的主要作用在于将财务和商业数据电子化，促进了财务和商业信息的显示、分析和传递。XBRL 通过定义统一的数据格式标准，规定了企业报告信息的表达方法。

企业应用 XBRL 的优势主要有：①提供更为精确的财务报告与更具可信度和相关性的信息；②降低数据采集成本，提高数据流转及交换效率；③帮助数据使用者更快捷方便地调用、读取和分析数据；④使财务数据具有更广泛的可比性；⑤增加资料在未来的可读性与可维护性；⑥适应变化的会计准则制度的要求。

2. 我国 XBRL 发展历程

我国的 XBRL 发展始于证券领域。2003 年 11 月上海证券交易所在全国率先实施基于 XBRL 的上市公司信息披露标准；2005 年 1 月，深圳证券交易所颁布了 1.0 版本的 XBRL 报送系统；2005 年 4 月和 2006 年 3 月，上海证券交易所和深圳证券交易所先后分别加入了 XBRL 国际组织；2008 年 11 月，XBRL 中国地区组织成立；2009 年 4 月，财政部在《关于全面推进我国会计信息化工作的指导意见》中将 XBRL 纳入会计信息化的标准；2010 年 10 月 19 日，国家标准化管理委员会和财政部颁布了可扩展商业报告语言（XBRL）技术规范系列国家标准和企业会计准则通用分类标准。

二、会计电算化的特征

（一）人机结合

在会计电算化方式下，会计人员填制电子会计凭证并审核后，执行"记账"功能，计算机将根据程序和指令在极短的时间内自动完成会计数据的分类、汇总、计算、传递及报告等工作。

（二）会计核算自动化、集中化

在会计电算化方式下，试算平衡、登记账簿等以往依靠人工完成的工作，都由计算机自动完成，大大减轻了会计人员的工作负担，提高了工作效率。计算机网络在会计电算化中的广泛应用，使得企业能将分散的数据统一汇总到会计软件中进行集中处理，既提高了数据汇总的速度，又增强了企业集中管控的能力。

（三）数据处理及时准确

利用计算机处理会计数据，可以在较短的时间内完成会计数据的分类、汇总、计算、传递和报告等工作，使会计处理流程更为简便，核算结果更为精确。此外，在会计电算化方式下，会计软件运用适当的处理程序和逻辑控制，能够避免在手工会计处理方式下出现的一些错误。

（四）内部控制多样化

在会计电算化方式下，与会计工作相关的内部控制制度也将发生明显的变化，内部控制由过去的纯粹人工控制发展成为人工与计算机相结合的控制形式。内部控制的内容更加丰富，范围更加广泛，要求更加严格，实施更加有效。

第二节　会计软件的配备方式及其功能模块

一、会计软件的配备方式

企业配备会计软件的方式主要有购买、定制开发、购买与开发相结合等方式。其中，定制开发包括企业自行开发、委托外部单位开发、企业与外部单位联合开发三种具体开发方式。

（一）购买通用会计软件

通用会计软件是指软件公司为会计工作而专门设计开发，并以产品形式投入市场的应用软件。企业作为用户，付款购买即可获得软件的使用、维护、升级以及人员培训等服务。

采用这种方式的优点主要有：①企业投入少，见效快，实现信息化的过程简单；②软件性能稳定，质量可靠，运行效率高，能够满足企业的大部分需求；③软件的维护和升级由软件公司负责；④软件安全保密性强，用户只能执行软件功能，不能访问和修改源程序。

采用这种方式的缺点主要有：①软件的针对性不强，通常针对一般用户设计，难以适应企业特殊的业务或流程；②为保证通用性，软件功能设置往往过于复杂，业务流程简单的企业可能感到不易操作。

【经典例题·单选】下列属于购买通用会计软件的缺点的是（　　）。

A. 通常针对一般客户设计，针对性不强

B. 系统开发要求极高

C. 需要较长时间的试运行

D. 费用相对较高

【答案】A

【解析】本题考查购买通用会计软件的缺点。采用这种方式的缺点主要有：①软件的针对性不强，通常针对一般用户设计，难以适应企业特殊的业务或流程；②为保证通用性，软件功能设置往往过于复杂，业务流程简单的企业可能感到不易操作。

（二）自行开发

自行开发是指企业自行组织人员进行会计软件开发。采用这种方式的优点主要有：①企业能够在充分考虑自身生产经营特点和管理要求的基础上，设计最有针对性和适用性的会计软件；②由于企业内部员工对系统充分了解，当会计软件出现问题或需要改进时，企业能够及时高效地纠错和调整，保证系统使用的流畅性。

采用这种方式的缺点主要有：①系统开发要求高、周期长、成本高,系统开发完成后,还需要较长时间的试运行;②自行开发软件系统需要大量的计算机专业人才,普通企业难以维持一支稳定的高素质软件人才队伍。

(三)委托外部单位开发

委托外部单位开发是指企业通过委托外部单位进行会计软件开发。

采用这种方式的优点主要有:①软件的针对性较强,降低了用户的使用难度;②对企业自身技术力量的要求不高。

采用这种方式的缺点主要有:①委托开发费用较高;②开发人员需要花大量的时间了解业务流程和客户需求,会延长开发时间;③开发系统的实用性差,常常不适用于企业的业务处理流程;④外部单位的服务与维护承诺不易做好。因此,这种方式目前已很少使用。

(四)企业与外部单位联合开发

企业与外部单位联合开发是指企业联合外部单位进行软件开发,由本单位财务部门和网络信息部门进行系统分析,外单位负责系统设计和程序开发工作,开发完成后,对系统的重大修改由网络信息部门负责,日常维护工作由财务部门负责。

采用这种方式的优点主要有:①开发工作既考虑了企业的自身需求,又利用了外单位的软件开发力量,开发的系统质量较高;②企业内部人员参与开发,对系统的结构和流程较熟悉,有利于企业日后进行系统维护和升级。

采用这种方式的缺点主要有:①软件开发工作需要外部技术人员与内部技术人员、会计人员充分沟通,系统开发的周期较长;②企业支付给外单位的开发费用相对较高。

【经典例题·多选】若企业对会计软件实施定制开发,则其主要方式有(   )。

A. 企业自行开发　　　　　B. 委托外部单位开发
C. 购买与开发相结合　　　D. 企业与外部单位联合开发

【答案】ABD

【解析】会计软件定制开发的主要方式有：企业自行开发、委托外部单位开发、企业与外部单位联合开发三种方式。

二、会计软件的功能模块

（一）会计软件各模块的功能描述

完整的会计软件的功能模块包括：账务处理模块、固定资产管理模块、工资管理模块、应收管理模块、应付管理模块、成本管理模块、报表管理模块、存货核算模块、财务分析模块、预算管理模块、项目管理模块、其他管理模块。

1．账务处理模块

账务处理模块是以凭证为数据处理起点，通过凭证输入和处理，完成记账、银行对账、结账、账簿查询及打印输出等工作。目前许多商品化的账务处理模块还包括往来款管理、部门核算、项目核算和管理及现金银行管理等一些辅助核算的功能。

2．固定资产管理模块

固定资产管理模块主要是以固定资产卡片和固定资产明细账为基础，实现固定资产的会计核算、折旧计提和分配、设备管理等功能，同时提供了固定资产按类别、使用情况、所属部门和价值结构等进行分析、统计和各种条件下的查询、打印功能，以及该模块与其他模块的数据接口管理。

【经典例题·单选】固定资产管理模块主要是以（　　）为基础，实现固定资产的会计核算、折旧计提和分配、设备管理等功能。

A. 固定资产卡片

B. 固定资产原始凭证

C. 固定资产总账

D. 固定资产卡片和固定资产明细账

【答案】D

【解析】固定资产模块主要以固定资产卡片和固定资产明细账为基础，实现固定资产的会计核算、折旧计提和分配、设备管理等功能。

3．工资管理模块

工资管理模块是进行工资核算和管理的模块。该模块以人力资源管理提供的员工及其工资的基本数据为依据，完成员工工资数据的收集、员工工资的核算、工资发放、工资费用的汇总和分摊、个人所得税计算和按照部门、项目、个人时间等条件进行工资分析、查询和打印输出，以及该模块与其他模块的数据接口管理。

4．应收、应付管理模块

应收、应付管理模块以发票、费用单据、其他应收单据、应付单据等原始单据为依据，记录销售、采购业务所形成的往来款项，处理应收、应付款项的收回、支付和转账，进行账龄分析和坏账估计及冲销，并对往来业务中的票据、合同进行管理，同时提供统计分析、打印和查询输出功能，以及与采购管理、销售管理、账务处理等模块进行数据传递的功能。

5．成本管理模块

成本管理模块主要提供成本核算、成本分析、成本预测功能，以满足会计核算的事前预测、事后核算分析的需要。此外，成本管理模块还具有与生产模块、供应链模块，以及账务处理、工资管理、固定资产管理和存货核算等模块进行数据传递的功能。

6．报表管理模块

报表管理模块与其他模块相连，可以根据会计核算的数据，生成各种内部报表、外部报表、汇总报表,并根据报表数据分析报表,以及生成各种分析图等。在网络环境下,很多报表管理模块同时提供了远程报表的汇总、数据传输、检索查询和分析处理等功能。

7. 存货核算模块

存货核算模块以供应链模块产生的入库单、出库单、采购发票等核算单据为依据,核算存货的出入库和库存金额、余额,确认采购成本,分配采购费用,确认销售收入、成本和费用,并将核算完成的数据,按照需要分别传递到成本管理模块、应付管理模块和账务处理模块。

8. 财务分析模块

财务分析模块从会计软件的数据库中提取数据,运用各种专门的分析方法,完成对企业财务活动的分析,实现对财务数据的进一步加工,生成各种分析和评价企业财务状况、经营成果和现金流量的各种信息,为决策提供正确依据。

【经典例题·单选】(　　)从会计软件的数据库中提取数据,运用各种专门的分析方法,完成对企业财务活动的分析,实现对财务数据的进一步加工,生成各种分析和评价企业财务状况、经营成果和现金流量的各种信息,为决策提供正确依据。

A. 成本管理模块　　　　　B. 财务处理模块
C. 财务分析模块　　　　　D. 报表管理模块

【答案】C

【解析】财务分析模块从会计软件的数据库中提取数据,运用各种专门的分析方法,完成对企业财务活动的分析,实现对财务数据的进一步加工,生成各种分析和评价企业财务状况、经营成果和现金流量的各种信息,为决策提供正确依据。

9. 预算管理模块

预算管理模块将需要进行预算管理的集团公司、子公司、分支机构、部门、产品、费用要素等对象，根据实际需要分别定义为利润中心、成本中心、投资中心等不同类型的责任中心，然后确立各责任中心的预算方案，指定预算审批流程，明确预算编制内容，进行责任预算的编制、审核、审批，以便实现对各个责任中心的控制、分析和绩效考核。利用预算管理模块，既可以编制全面预算，又可以编制非全面预算；既可以编制滚动预算，又可以编制固定预算、零基预算；同一责任中心，既可以设置多种预算方案，编制不同预算，又可以在同一预算方案下选择编制不同预算期的预算。预算管理模块还可以实现对各子公司预算的汇总、对集团公司及子公司预算的查询，以及根据实际数据和预算数据自动进行预算执行差异分析和预算执行进度分析等。

10. 项目管理模块

项目管理模块主要是对企业的项目进行核算、控制与管理。项目管理主要包括项目立项、计划、跟踪与控制、终止的业务处理以及项目自身的成本核算等功能。该模块可以及时、准确地提供有关项目的各种资料，包括项目文档、项目合同、项目的执行情况，通过对项目中的各项任务进行资源的预算分配，实时掌握项目的进度，及时反映项目执行情况及财务状况，并且与账务处理、应收管理、应付管理、固定资产管理、采购管理、库存管理等模块集成，对项目收支进行综合管理，是对项目的物流、信息流、资金流的综合控制。

11. 其他管理模块

根据企业管理的实际需要，其他管理模块一般包括领导查询模块、决策支持模块等。领导查询模块可以按照领导的要求从各模块中提取有用的信息并加以处理，以最直观的表格或图形显示，使得管理人员通过该模块及时掌握企业信息；决策支持模块利用现代计算机、通信技术和决策分析方法，通过建立数据库和决策模型，实现向企业决策者提供及时、可靠的财务和业务决策辅助信息。上述各模块既相互联系又相互独立，有着各自的目标和任务，它们共同构成了会计软件，实现了会计软件的总目标。

（二）会计软件各模块的数据传递

会计软件是由各功能模块共同组成的有机整体，为实现相应功能，相关模块之间相互依赖，互通数据。

（1）存货核算模块生成存货入库、存货估价入账、存货出库、盘亏/毁损、存货销售收入、存货期初余额调整等业务的记账凭证，并传递到账务处理模块，以便用户审核登记存货账簿。

（2）应付管理模块完成采购单据处理、供应商往来处理、票据新增、付款、退票处理等业务后，生成相应的记账凭证并传递到账务处理模块，以便用户审核登记赊购往来及其相关账簿。

（3）应收管理模块完成销售单据处理、客户往来处理、票据处理及坏账处理等业务后，生成相应的记账凭证并传递到账务处理模块，以便用户审核登记赊销往来及其相关账簿。

【经典例题·单选】（　　）完成销售单据处理、客户往来处理、票据处理及坏账处理等业务后，生成相应的记账凭证并传递到账务处理模块，以便用户审核登记赊销往来及其相关账簿。

A. 应收管理模块　　　　　　B. 应付管理模块
C. 成本管理模块　　　　　　D. 预算管理模块

【答案】A

【解析】应收管理模块完成销售单据处理、客户往来处理、票据处理及坏账处理等业务后，生成相应的记账凭证并传递到账务处理模块，以便用户审核登记赊销往来及其相关账簿。

（4）固定资产管理模块生成固定资产增加、减少、盘盈、盘亏、固定资产变动、固定资产评估和折旧分配等业务的记账凭证，并传递到账务处理模块，以便用户审核登记相关的资产账簿。

（5）工资管理模块进行工资核算，生成分配工资费用、应缴个人所得税等业务的记账凭证，并传递到账务处理模块，以便用户审核登记应付职工薪酬及相关成本费用账簿；工资管理模块为成本管理模块提供人工费资料。

【经典例题·单选】工资管理模块为（   ）提供人工费资料。

A．成本管理模块　　　　　　B．存货核算模块
C．应付管理模块　　　　　　D．账务处理模块

【答案】A

【解析】工资管理模块为成本管理模块提供人工费资料。

（6）成本管理模块中，如果计入生产成本的间接费用和其他费用定义为来源于账务处理模块，则成本管理模块在账务处理模块记账后，从账务处理模块中直接取得间接费用和其他费用的数据；如果不使用工资管理、固定资产管理、存货核算模块，则成本管理模块还需要在账务处理模块记账后，自动从账务处理模块中取得材料费用、人工费用和折旧费用等数据；成本管理模块的成本核算完成后，要将结转制造费用、结转辅助生产成本、结转盘点损失和结转工序产品耗用等记账凭证数据传递到账务处理模块。

（7）存货核算模块为成本管理模块提供材料出库核算的结果；存货核算模块将应计入外购入库成本的运费、装卸费等采购费用和应计入委托加工入库成本的加工费传递到应付管理模块。

（8）固定资产管理模块为成本管理模块提供固定资产折旧费数据。

（9）报表管理和财务分析模块可以从各模块取数编制相关财务报表，进行财务分析。

(10) 预算管理模块编制的预算经审核批准后,生成各种预算申请单,再传递给账务处理模块、应收管理模块、应付管理模块、固定资产管理模块、工资管理模块,进行责任控制。

(11) 项目管理模块中发生和项目业务相关的收款业务时,可以在应收发票、收款单或者退款单上输入相应的信息,并生成相应的业务凭证传递至账务处理模块;发生和项目相关采购活动时,其信息也可以在采购申请单、采购订单、应付模块的采购发票上记录;在固定资产管理模块引入项目数据可以更详细地归集固定资产建设和管理的数据;项目的领料和项目的退料活动等数据可以在存货核算模块进行处理,并生成相应凭证传递到账务处理模块。此外,各功能模块都可以从账务处理模块获得相关的账簿信息;存货核算、工资管理、固定资产管理、项目管理等模块均可以从成本管理模块获得有关的成本数据。

【经典例题·单选】项目的领料和项目的退料活动等数据可以在( )进行处理。

A. 成本管理模块　　　　B. 存货核算模块

C. 应付管理模块　　　　D. 账务处理模块

【答案】B

【解析】项目的领料和项目的退料活动等数据可以在存货核算模块进行处理。

第三节　企业会计信息化工作规范

一、会计软件和服务的规范

(1) 会计软件应当保障企业按照国家统一会计准则制度开展会计核算,不得有违背国家统一会计准则制度的功能设计。

(2) 会计软件的界面应当使用中文并且提供对中文处理的支持,可以同时提供外国或者少数民族文字界面对照和处理支持。

【经典例题·单选】会计软件的界面应当（　　）。

A. 使用中文并且提供对中文处理的支持

B. 使用外国文字并且提供对外国文字处理的支持

C. 使用少数民族文字并且提供对少数民族文字处理的支持

D. 以上都可以

【答案】A

【解析】会计软件的界面应当使用中文并且提供对中文处理的支持，可以同时提供外国或者少数民族文字界面对照和处理支持。

（3）会计软件应当提供符合国家统一会计准则制度的会计科目分类和编码功能。

（4）会计软件应当提供符合国家统一会计准则制度的会计凭证、账簿和报表的显示和打印功能。

（5）会计软件应当提供不可逆的记账功能，确保对同类已记账凭证的连续编号，不得提供对已记账凭证的删除和插入功能，不得提供对已记账凭证日期、金额、科目和操作人的修改功能。

（6）鼓励软件供应商在会计软件中集成可扩展商业报告语言（XBRL）功能，便于企业生成符合国家统一标准的XBRL财务报告。

（7）会计软件应当具有符合国家统一标准的数据接口，满足外部会计监督需要。

（8）会计软件应当具有会计资料归档功能，提供导出会计档案的接口，在会计档案存储格式、元数据采集、真实性与完整性保障方面，符合国家有关电子文件归档与电子档案管理的要求。

（9）会计软件应当记录生成用户操作日志，确保日志的安全、完整。

（10）以远程访问、云计算等方式提供会计软件的供应商，应当在技术上保证客户会计资料的安全、完整。

(11) 客户以远程访问、云计算等方式使用会计软件生成的电子会计资料归客户所有。

(12) 以远程访问、云计算等方式提供会计软件的供应商，应当在做好本厂商不能维持服务情况下，保障企业电子会计资料安全以及企业会计工作持续进行的预案。

(13) 软件供应商应当努力提高会计软件相关服务质量，按照合同约定及时解决用户使用中的故障问题。

(14) 鼓励软件供应商采用呼叫中心、在线客服等方式为用户提供实时技术支持。

(15) 软件供应商应当就如何通过会计软件开展会计监督工作，提供专门教程和相关资料。

二、企业会计信息化的工作规范

（一）会计信息化建设

(1) 企业应当充分重视会计信息化工作，加强组织领导和人才培养，不断推进会计信息化在本企业的应用。

(2) 企业开展会计信息化工作，应当根据发展目标和实际需要，合理确定建设内容，避免投资浪费。

(3) 企业开展会计信息化工作，应当注重信息系统与经营环境的契合。

(4) 大型企业、企业集团开展会计信息化工作，应当注重整体规划，统一技术标准、编码规则和系统参数，实现各系统的有机整合，消除信息孤岛。

(5) 企业配备会计软件，应当根据自身技术力量以及业务需求，考虑软件功能、安全性、稳定性、响应速度、可扩展性等要求，合理选择购买、定制开发、购买与开发相结合等会计软件配备方式。

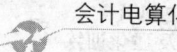

(6) 企业通过委托外部单位开发、购买等方式配备会计软件，应当在有关合同中商定操作培训、软件升级、故障解决等服务事项，以及软件供应商对企业信息安全的责任。

(7) 企业应当促进会计信息系统与业务信息系统的一体化，通过业务处理直接驱动会计记账，减少人工操作，提高业务数据与会计数据的一致性，实现企业内部信息资源共享。

(8) 企业应当根据实际情况，开展本企业信息系统与银行、供应商、客户等外部单位信息系统的互联，实现外部交易信息的集中自动处理。

(9) 企业进行会计信息系统前端系统的建设和改造，应当安排负责会计信息化工作的专门机构或者岗位参与，充分考虑会计信息系统的数据需求。

(10) 企业应当遵循企业内部控制规范体系要求，加强对会计信息系统规划、设计、开发、运行、维护全过程的控制。

(11) 处于会计核算信息化阶段的企业，应当结合自身情况，逐步实现资金管理、资产管理、预算控制、成本管理等财务管理信息化；处于财务管理信息化阶段的企业，应当结合自身情况，逐步实现财务分析、全面预算管理、风险控制、绩效考核等决策支持信息化。

(二) 信息化条件下的会计资料管理

(1) 对于信息系统自动生成且具有明晰审核规则的会计凭证，可以将审核规则嵌入会计软件，由计算机自动审核。未经自动审核的会计凭证，应当先经人工审核再进行后续处理。

(2) 分公司、子公司数量多、分布广的大型企业、企业集团应当探索利用信息技术促进会计工作的集中，逐步建立财务共享服务中心。

(3) 外商投资企业使用的境外投资者指定的会计软件或者跨国

企业集团统一部署的会计软件,应当符合会计软件和服务的规范的要求。

(4) 企业会计信息系统数据服务器的部署应当符合国家有关规定。

(5) 企业会计资料中对经济业务事项的描述应当使用中文,可以同时使用外国或者少数民族文字对照。

(6) 企业应当建立电子会计资料备份管理制度,确保会计资料的安全、完整和会计信息系统的持续、稳定运行。

(7) 企业不得在非涉密信息系统中存储、处理和传输涉及国家秘密、关系国家经济信息安全的电子会计资料;未经有关主管部门批准,不得将其携带、寄运或者传输至境外。

(8) 企业内部生成的会计凭证、账簿和辅助性会计资料,如果同时满足所记载的事项属于本企业重复发生的日常业务、由企业信息系统自动生成且可查询和输出、企业对相关数据建立了电子备份制度及完善的索引体系等这些条件,可以不输出纸面资料。

(9) 企业获得的需要外部单位或者个人证明的原始凭证和其他会计资料,如果同时满足会计资料附有可靠的电子签名且电子签名经符合《中华人民共和国电子签名法》的第三方认证、所记载的事项属于本企业重复发生的日常业务、可及时在企业信息系统中查询和输出、企业对相关数据建立了电子备份制度及完善的索引体系等这些条件,可以不输出纸面资料。

(10) 企业会计资料的归档管理,遵循国家有关会计档案管理的规定。

(11) 实施企业会计准则通用分类标准的企业,应当按照有关要求向财政部报送 XBRL 财务报告。

三、会计信息化的监督管理

(1) 企业使用会计软件不符合《企业会计信息化工作规范》

(以下简称《规范》)要求的,由财政部门责令限期改正。限期不改的,财政部门应当予以公示,并将有关情况通报同级相关部门或其派出机构。

(2)财政部采取组织同行评议,向用户企业征求意见等方式对软件供应商提供的会计软件遵循《规范》的情况进行检查。省、自治区、直辖市人民政府财政部门发现会计软件不符合《规范》的,应当将有关情况报财政部。

(3)软件供应商提供的会计软件不符合《规范》的,财政部可以约谈该供应商主要负责人,责令限期改正。限期内未改正的,由财政部予以公示,并将有关情况通报相关部门。

【经典例题·单选】企业使用会计软件不符合(　　)要求的,由财政部门责令限期改正。

A.《企业会计信息化工作规范》

B.《会计核算软件基本功能规范》

C.《会计基础工作规范》

D.《企业内部控制基本规范》

【答案】A

【解析】企业使用会计软件不符合《企业会计信息化工作规范》要求的,由财政部门责令限期改正。

【题库·同步强化练习】

一、单项选择题(每题的备选项中,只有一个符合题意的正确答案。多选、错选、不选均不得分)

1."会计电算化"一词始于(　　)。

A. 1981年　　B. 1974年　　C. 1989年　　D. 1993年

2.狭义地说,会计电算化是指(　　)。

A.以电子计算机为主体的电子信息技术在会计工作中的应用

B. 会计软件的开发

C. 会计电算化人才的培训

D. 会计电算化制度建设

3. 会计信息化是会计电算化的（　　）。

A. 初级阶段　　　　　　　　B. 中级阶段

C. 较高级阶段　　　　　　　D. 高级阶段

4. ERP 是（　　）的简称。

A. 管理信息系统　　　　　　B. 制造资源规划

C. 企业资源计划　　　　　　D. 专家系统

5. XBRL 中国地区组织成立的时间是（　　）。

A. 2006 年 7 月　　　　　　　B. 2006 年 8 月

C. 2008 年 6 月　　　　　　　D. 2008 年 11 月

6. 存货核算系统是会计核算系统中的一个（　　）。

A. 大系统　　　　　　　　　B. 子系统

C. 总系统　　　　　　　　　D. 分析系统

7. 下列选项中，不属于会计核算软件的是（　　）。

A. 工资核算系统　　　　　　B. 生产计划管理系统

C. 应收账款核算系统　　　　D. 应付账款核算系统

8. 会计电算化简单地说就是（　　）在会计工作中的应用。

A. 会计理论　　　　　　　　B. 会计准则

C. 计算机技术　　　　　　　D. 会计法规

9. （　　）是指专门用于会计核算工作的计算机应用软件。

A. 应用软件　　　　　　　　B. 会计核算软件

C. 会计管理软件　　　　　　D. 管理软件

10. （　　）一般是指由使用单位自行开发或委托其他单位开发、供本单位使用的会计核算软件。

A. 商品化会计核算软件　　　B. 通用会计核算软件

C. 专用会计核算软件　　　　　D. 金碟2000系列软件

11. 目前，我国通用会计核算软件以（　　）为主。

　　A. 账务处理软件　　　　　　B. 商品化软件

　　C. 工资核算软件　　　　　　D. 成本核算软件

12. 会计核算软件是一种（　　）。

　　A. 计算机应用软件　　　　　B. 记账规则

　　C. 计算机语言　　　　　　　D. 计算机系统软件

13. 账务处理模块能够处理（　　）。

　　A. 记账凭证的录入　　　　　B. 工资总账数据

　　C. 固定资产明细账的打印输出　D. 打印输出工资明细数据

14. 会计核算软件的功能模块是（　　）。

　　A. 一种文件

　　B. 一种计算功能

　　C. 一种打印功能

　　D. 一个有会计数据输入、处理、输出功能的软件程序

15. 会计核算软件各功能模块是通过（　　）以记账凭证为接口连接起来的。

　　A. 报表生成与汇总模块　　　B. 工资核算模块

　　C. 账务处理模块　　　　　　D. 成本核算模块

16. 应收/应付账款核算模块的主要功能是（　　）。

　　A. 动态反映各往来客户的信息

　　B. 完成应收账款、应付账款等往来业务的登记、核销等工作

　　C. 进行账龄分析和坏账估计

　　D. 以上都正确

17. 计算机具有超强的记忆存储能力，可以存储大量的会计资料并对它们进行处理，因此大大提高了会计工作的（　　）。

　　A. 能力　　　B. 效率　　　C. 成本　　　D. 劳动强度

18. 所谓的"信息孤岛",是指（　　）。

A. 企业的数据与信息不能有效融合

B. 企业的会计数据与会计信息不能有效融合

C. 企业的会计信息与其他业务信息不能有效融合

D. 企业的会计信息与会计程序不能有效融合

19. 下列不属于会计核算软件功能模块的是（　　）。

A. 账务处理　　　　　　　　B. 工资核算

C. 成本核算　　　　　　　　D. 人员管理

20. 会计电算化的作用主要是（　　）。

A. 发展计算机技术　　　　　B. 提高经营管理水平

C. 增加会计人员就业　　　　D. 提高会计人员工资

21. 关于XBRL,下列说法正确的是（　　）。

A. XBRL是可扩展标记语言的简称

B. XBRL规定企业信息报告的表达方法,提高了数据采集成本

C. XBRL是一种开放性业务报告技术标准

D. XBRL中国地区组织于2006年3月成立

22. （　　）财政部在《关于全面推进我国会计信息化工作的指导意见》中将XBRL纳入会计信息化的标准。

A. 2010年10月　　　　　　B. 2009年4月

C. 2008年11月　　　　　　D. 2005年4月

23. （　　）国家标准化管理委员会和财政部颁布了企业会计准则通用分类标准。

A. 2010年10月　　　　　　B. 2009年4月

C. 2008年11月　　　　　　D. 2005年4月

24. 自行开发会计软件的优点不包括（　　）。

A. 充分考虑自身经营特点　　B. 软件性能稳定,质量可靠

C. 能够及时纠错和调整　　　D. 企业投入少,见效快

25. 企业组织人员自行进行软件开发的方式为（　　）。

　　A. 企业自行开发　　　　　　B. 委托外部单位开发

　　C. 企业与外部单位联合开发　　D. 委托购买

26. 委托外部单位开发会计软件是指（　　）。

　　A. 软件公司为会计工作而专门设计开发，并以产品形式投入市场的应用软件

　　B. 企业自行组织人员进行会计软件开发

　　C. 企业通过委托外部单位进行会计软件开发

　　D. 由本单位财务部门和网络信息部门进行系统分析，外单位负责系统设计和程序开发工作

27. 委托外部单位开发会计软件的优点是（　　）。

　　A. 企业投入少、见效快

　　B. 员工对系统的结构和流程较为熟悉

　　C. 软件安全保密性强

　　D. 对企业自身技术力量的要求不高

28. 下列企业配备会计软件的方式已较少采用的是（　　）。

　　A. 企业自行开发　　　　　　B. 委托外部单位开发

　　C. 企业与外部单位联合开发　　D. 购买通用会计软件

29. 企业与外部单位联合开发会计软件的优点不包括（　　）。

　　A. 开发工作既考虑了企业的自身需求，又利用了外部单位的软件开发力量

　　B. 开发的系统质量较高

　　C. 软件安全保密性强，用户只能执行软件功能，不能访问和修改源程序

　　D. 企业内部人员参与开发，对系统的结构和流程较为熟悉，有利于企业日后进行系统维护和升级

30. 账务处理模块是以（　　）为数据处理起点。

A. 凭证 B. 账簿 C. 报表 D. 档案

31. 下列选项中，不属于会计软件功能模块的是（　　）。

A. 预算管理模块 B. 成本管理模块

C. 项目管理模块 D. 电子商务模块

32. "设备管理"属于（　　）的功能。

A. 账务处理模块 B. 固定资产管理模块

C. 应收、应付管理模块 D. 成本管理模块

33. 固定资产管理模块的功能包括（　　）。

A. 计提折旧和分配 B. 账簿查询及打印输出

C. 个人所得税计算 D. 设备采购及应付款管理

34. 会计软件越（　　），软件功能设置越复杂。

A. 贵 B. 便宜 C. 通用 D. 专用

35. 工资管理模块是以（　　）为依据的。

A. 员工及其工资的基本数据 B. 员工工资核算

C. 员工工资数据的收集 D. 工资费用的汇总

36. "记录销售、采购业务所形成的往来款项"属于（　　）的功能。

A. 财务分析模块 B. 固定资产管理模块

C. 应收、应付管理模块 D. 存货核算模块

37. 成本管理模块能够满足（　　）的需要。

A. 会计核算的事前预测、事后核算分析

B. 生成各种内部报表、外部报表、汇总报表

C. 确认采购成本，分配采购费用

D. 项目立项、计划、跟踪与控制、终止的业务处理以及项目自身的成本核算

38. 在网络环境下，很多报表管理模块同时提供（　　）等功能。

A. 远程报表的汇总　　　　　　B. 分配采购费用
C. 员工工资数据的收集　　　　D. 成本核算

39. 存货核算模块以（　　）为依据完成核算功能。
A. 原始单据　　　　　　　　　B. 核算单据
C. 会计报表　　　　　　　　　D. 账簿

40. "确认采购成本，分配采购费用"是（　　）的功能。
A. 财务分析模块　　　　　　　B. 工资管理模块
C. 存货核算模块　　　　　　　D. 账务处理模块

41. "确认销售收入、成本和费用"是（　　）的功能。
A. 财务分析模块　　　　　　　B. 工资管理模块
C. 存货核算模块　　　　　　　D. 账务处理模块

42. （　　）从会计软件的数据库中提取数据，运用各种专门的分析方法，完成对企业财务活动的分析。
A. 财务分析模块　　　　　　　B. 工资管理模块
C. 存货核算模块　　　　　　　D. 账务处理模块

43. "生成各种分析和评价企业财务状况、经营成果和现金流量的各种信息"是（　　）的功能。
A. 财务分析模块　　　　　　　B. 工资管理模块
C. 存货核算模块　　　　　　　D. 账务处理模块

44. 对企业的项目进行核算、控制与管理的是（　　）。
A. 财务分析模块　　　　　　　B. 项目管理模块
C. 存货核算模块　　　　　　　D. 账务处理模块

45. 客户以远程访问、云计算等方式使用会计软件生成的电子会计资料归（　　）所有。
A. 监督部门　　　　　　　　　B. 客户
C. 供应商　　　　　　　　　　D. 以上都不对

二、**多项选择题**（每题的备选项中，有两个或两个以上符合题意的正确答案。多选、少选、错选、不选均不得分）

1. 下列有关会计电算化和会计信息化关系的表述中，正确的有（   ）。

   A. 会计电算化是会计信息化的基础工作

   B. 会计信息化是会计电算化的初级阶段

   C. 会计电算化是会计信息化的初级阶段

   D. 会计信息化是会计电算化的基础工作

2. 下列关于会计信息系统与ERP系统关系的表述中，正确的有（   ）。

   A. ERP系统包括会计信息系统

   B. ERP系统和会计信息系统属于相同的管理信息系统

   C. 会计信息系统包括ERP系统

   D. ERP系统和会计信息系统互不相关

3. 下列属于手工会计与电算化会计的差异的有（   ）。

   A. 运算工具不同　　　　　　B. 簿记规则不同

   C. 账务处理程序不同　　　　D. 会计人员岗位分工不同

4. 关于实现会计电算化意义的表述中，正确的有（   ）。

   A. 推动企业管理现代化

   B. 减轻了劳动强度，提高了工作效率

   C. 全面、及时、准确地提供会计信息

   D. 会计电算化后，经济业务都由计算机完成

5. 广义的会计电算化是指与实现会计工作电算化有关的所有工作，包括（   ）。

   A. 会计电算化软件的开发和应用

   B. 会计电算化人才的培训

C. 会计电算化的宏观规划、市场的培育与发展

D. 会计电算化的制度建设

6. 下列属于会计软件功能的有（   ）。

A. 生成凭证、账簿、报表等会计资料

B. 为会计核算、财务管理直接提供数据输入

C. 对会计资料进行转换、输出、分析、利用

D. 会计软件的开发应用及其软件市场的培育

7. 企业应用可扩展商业报告语言（XBRL）的优势主要有（   ）。

A. 能够降低数据采集成本

B. 提供更具可信度和相关性的信息

C. 使财务数据具有更广泛的可比性

D. 适应变化的会计制度和报表要求

8. 企业定制开发软件的方式主要有（   ）。

A. 企业自行开发　　　　　　B. 购买通用会计软件

C. 委托外部单位开发　　　　D. 企业与外部单位联合开发

9. 下列选项中，与成本管理模块进行数据传递的有（   ）。

A. 存货核算模块　　　　　　B. 账务处理模块

C. 工资管理模块　　　　　　D. 固定资产管理模块

10. 下列选项中，属于会计核算软件功能模块的有（   ）。

A. 账务处理系统　　　　　　B. 财务管理系统

C. 会计报表系统　　　　　　D. 会计管理系统

11. 现代信息技术手段的作用包括（   ）。

A. 获取会计信息

B. 加工会计信息

C. 为企业经营管理提供会计信息

D. 为企业控制决策提供信息

12. 会计信息系统根据信息技术的影响程度划分为（   ）。

A. 手工会计信息系统　　　　B. 传统自动化会计信息系统
C. 会计决策支持系统　　　　D. 现代会计信息系统

13. 关于会计信息系统，下列说法正确的有（　　）。
A. 会计信息系统简称 AIS
B. 会计信息系统是企业管理信息系统的一个重要子系统
C. 会计信息系统能够提供会计管理、分析与决策相关的会计信息
D. ERP 系统是会计信息系统的一部分

14. 下列选项中，属于 ERP 的功能的有（　　）。
A. 人力资源管理　　　　　　B. 质量管理
C. 生产管理　　　　　　　　D. 财务管理

15. XBRL 的主要作用在于（　　）。
A. 将财务和商业数据电子化
B. 促进了财务和商业信息的显示
C. 帮助了财务和商业信息的传递
D. 可应用于动态网页编制

16. 企业与外部单位联合开发会计软件的优点有（　　）。
A. 开发工作既考虑了企业的自身需求，又利用了外部单位的软件开发力量，开发的系统质量较高
B. 企业内部人员参与开发，对系统的结构和流程较为熟悉，有利于企业日后进行系统维护和升级
C. 软件的针对性较强，降低了用户的使用难度
D. 对企业自身技术力量的要求不高

17. 商品化的账务处理模块通常还包括（　　）等辅助核算功能。
A. 往来款管理　　　　　　　B. 部门核算
C. 项目核算和管理　　　　　D. 现金银行管理

18. 固定资产管理模块以（　　）为基础。
   A. 固定资产卡片　　　　　　B. 折旧计提和分配
   C. 固定资产的会计核算　　　D. 固定资产明细账

19. 应收、应付管理模块以（　　）等原始单据为依据。
   A. 费用单据　　　　　　　　B. 发票
   C. 应收单据　　　　　　　　D. 应付单据

20. 成本管理模块的功能有（　　）。
   A. 成本核算　　　　　　　　B. 成本分析
   C. 成本管理　　　　　　　　D. 成本预测

21. 报表管理模块与其他模块相连，可以根据会计核算的数据，生成（　　）。
   A. 内部报表　　　　　　　　B. 外部报表
   C. 汇总报表　　　　　　　　D. 分析图

22. 在网络环境下，很多报表管理模块同时提供了（　　）功能。
   A. 远程报表的汇总　　　　　B. 远程报表的数据传输
   C. 远程报表的检索查询　　　D. 远程报表的打印输出

23. 存货核算模块的功能有（　　）。
   A. 将核算完成的数据，按照需要传递到其他模块
   B. 确认销售收入、成本和费用
   C. 确认采购成本，分配采购费用
   D. 核算存货的出入库和库存金额、余额

24. 下列属于存货核算模块完成的业务的是（　　）。
   A. 存货入库　　　　　　　　B. 表格
   C. 盘亏/毁损　　　　　　　　D. 决策模型

25. 项目管理模块是（　　）的综合控制。
   A. 人流　　　B. 信息流　　　C. 资金流　　　D. 物流

26. 下列属于应收管理模块完成的业务的是（　　）。
   A. 采购单据处理　　　　　　B. 票据处理
   C. 销售单据处理　　　　　　D. 坏账处理

27. 成本管理模块中如果不使用工资管理、固定资产管理、存货核算模块，则成本管理模块还需要在账务处理模块记账后，自动从账务处理模块中取得（　　）等数据。
   A. 材料费用　　　　　　　　B. 人工费用
   C. 折旧费用　　　　　　　　D. 工资费用

28. 成本管理模块的成本核算完成后，要将（　　）等记账凭证数据传递到账务处理模块。
   A. 结转制造费用　　　　　　B. 结转辅助生产成本
   C. 结转盘点损失　　　　　　D. 结转工序产品耗用

29. 预算管理模块编制的预算经过审核批准后，生成各种预算申请单，再传递给（　　），进行责任控制。
   A. 应收、应付管理模块　　　B. 固定资产管理模块
   C. 工资管理模块　　　　　　D. 账务处理模块

30. （　　）等模块均可以从成本管理模块获得有关的成本数据。
   A. 固定资产管理　　　　　　B. 工资管理
   C. 项目管理　　　　　　　　D. 账务处理

31. 存货核算模块将（　　）传递到应付管理模块。
   A 计入生产成本的间接费用和其他费用
   B. 材料费用、人工费用和折旧费用
   C. 应计入外购入库成本的运费、装卸费等采购费用
   D. 应计入委托加工入库成本的加工费

32. 项目管理模块的功能有（　　）。
   A. 项目立项、计划　　　　　B. 远程报表的数据传输

C. 项目自身的成本核算　　　　D. 远程报表的打印输出

33. 下列选项中，属于固定资产管理模块完成的业务的是（　　）。

A. 固定资产变动　　　　　　　B. 折旧分配

C. 固定资产评估　　　　　　　D. 坏账处理

34. 下列选项中，说法正确的有（　　）。

A. 会计软件可以根据企业的需要记录或不记录用户操作日志

B. 以远程访问、云计算等方式提供会计软件的供应商，应当在技术上保证客户资料的安全、完整

C. 软件供应商应当努力提高会计软件相关服务质量，按照合同约定及时解决用户使用中的故障问题

D. 软件供应商必须采用上门服务的方式为用户提供实时技术支持

35. 会计软件不得提供对（　　）的修改功能。

A. 已记账凭证日期　　　　　　B. 金额

C. 科目　　　　　　　　　　　D. 操作人

三、判断题（正确的请在题后括号中画"√"，错误的请在题后括号中画"×"。不判断、判断错误的均不得分）

1. 在电子计算机日益普及和网络技术飞速发展的情况下，会计信息化成为会计发展的大趋势。（　　）

2. 计算机会计核算系统主要包括：账务处理系统、报表系统、工资核算系统等。（　　）

3. 会计电算化和会计信息化是信息技术在会计中应用的两个不同的阶段，会计信息化是会计电算化的初级阶段和基础工作。（　　）

4. 账务处理模块是以原始凭证为接口与其他功能模块有机连接在一起，构成完整的会计核算系统。（　　）

5. 会计电算化内部控制是指为了维护会计数据准确、可靠和为了保证企业财产安全而实施的内部控制。(   )

6. 会计电算化的作用之一是提高经营管理水平，使财务会计管理由事后管理向事中控制、事先预测转变，为管理信息化打下基础。(   )

7. 会计电算化在增强企业竞争力、提高企业经营管理水平等方面有重要作用。(   )

8. 在手工会计核算中，需要根据企业规模、会计业务繁简程度，选择不同的账务处理程序，而实现会计电算化后，则不存在此问题。(   )

9. 报表管理和财务分析模块可以从各模块取数编制相关财务报表，进行财务分析。(   )

10. 会计软件的界面应当使用中文并且提供对中文处理的支持，可以同时提供外国或者少数民族文字界面对照和处理支持。(   )

11. 相对于会计电算化而言，会计信息化是一次质的飞跃。(   )

12. 会计电算化是在会计信息化的基础上发展起来的。(   )

13. 会计软件能够对会计资料进行转换、输出、分析、利用。(   )

14. 会计信息系统实质是将会计信息转换为会计数据的系统。(   )

15. ERP 系统是会计信息系统的一个子系统。(   )

16. ERP 系统利用信息技术，将企业内外部资源整合在一起，实现对企业的资源一体化管理。(   )

17. 我国的 XBRL 发展始于金融领域。(   )

18. 2006 年 3 月，XBRL 中国地区组织成立。(   )

19. XBRL 的主要作用在于将财务和商业数据电子化,促进了财务和商业信息的显示、分析和传递。( )

20. 2005 年 4 月,深圳证券交易所颁布了 1.0 版本的 XBRL 报送系统。( )

21. 计算机网络在会计电算化中的应用,使得企业能将分散的数据统一汇总到会计软件中进行集中处理,提高了数据汇总的速度,增强了企业集中管控的能力。( )

22. 在会计电算化方式下,会计软件运用适当的处理程序和逻辑控制,能够避免在手工会计处理方式下出现的一些错误。( )

23. 为保证通用性,会计软件功能设置往往过于复杂,业务流程简单的企业可能感到不易操作。( )

24. 企业购买通用会计软件能够在充分考虑自身生产经营特点和管理要求的基础上,设计最具有针对性和适用性的会计软件。( )

25. 企业与外部单位联合开发的会计软件针对性较强,降低了用户的使用难度。( )

26. 企业与外部单位联合开发会计软件这种方式目前已很少使用。( )

27. 购买通用会计软件,软件的维护和升级由软件公司负责。( )

28. 委托外部单位开发软件系统需要大量的计算机专业人才,普通企业难以维持一支稳定的高素质软件人才队伍。( )

29. 自行开发的系统实用性差,常常不适用于企业的业务处理流程。( )

30. 企业内部人员参与开发会计软件,对系统的结构和流程较为熟悉,有利于企业日后进行系统维护和升级。( )

31. 账务处理模块是以账簿为数据处理起点的。( )

32. 应收、应付管理模块处理应收、应付款项的收回、支付和转账，完成对企业财务活动的分析。（　　）

33. 成本管理模块主要提供成本核算、成本分析、成本预测功能。（　　）

34. 存货核算模块从会计软件的数据库中提取数据，运用各种专门的分析方法，完成对企业财务活动的分析。（　　）

35. 预算管理模块能够实现对各个责任中心的控制、分析和绩效考核。（　　）

36. 项目管理模块主要是对企业的项目进行核算、控制与管理。（　　）

37. 领导查询模块利用现代计算机、通信技术和决策分析方法，通过建立数据库和决策模型，实现向企业决策者提供及时、可靠的财务和业务决策辅助信息。（　　）

38. 会计软件各模块既相互联系又相互独立，有着各自的目标和任务，实现了会计软件的总目标。（　　）

39. 会计软件应当提供不可逆的记账功能。（　　）

40. 企业使用会计软件不符合《企业会计信息化工作规范》要求的，由财政部门责令限期改正。（　　）

【参考答案及解析】

一、单项选择题（每题的备选项中，只有一个符合题意的正确答案。多选、错选、不选均不得分）

1. A 【解析】"会计电算化"一词于1981年8月正式提出。

2. A 【解析】狭义的会计电算化是指以电子计算机为主体的电子信息技术在会计工作中的应用。

3. D 【解析】会计信息化是会计电算化的高级阶段，是会计工作与信息技术的有机融合。

4. C 【解析】ERP 是 Enterprise Resource Planning 的简称,译为"企业资源计划"。

5. D 【解析】2008 年 11 月 XBRL 中国地区组织成立。

6. B 【解析】存货核算系统是会计核算系统中的一个子系统。

7. B 【解析】会计核算软件通常分为账务处理、报表处理、应收/应付账款核算、工资核算、固定资产核算等功能模块。

8. C 【解析】会计电算化简单地说就是计算机技术在会计工作中的应用。

9. B 【解析】会计核算软件是指专门用于会计核算工作的计算机应用软件。

10. C 【解析】专用会计核算软件一般是指由使用单位自行开发或委托其他单位开发、供本单位使用的会计核算软件。金碟 2000 系列属于通用会计核算软件。

11. B 【解析】目前,我国通用会计核算软件以商品化软件为主。

12. A 【解析】会计核算软件是一种计算机应用软件。

13. A 【解析】账务处理是财务会计系统中最核心的系统,以凭证处理为中心,进行账簿报表的管理。B 选项、D 选项对于工资数据的处理应在工资核算模块进行;C 选项对于固定资产明细账的处理应在固定资产模块中进行。故选 A 选项。

14. D 【解析】会计核算软件中具有相对独立的会计数据输入、处理和输出功能的各个组成部分被称为会计核算软件的功能模块。

15. C 【解析】账务处理模块是会计核算软件的核心模块,该模块以记账凭证为接口与其他功能模块有机地连接在一起,构成完整的会计核算系统。

16. D 【解析】应收/应付账款核算模块的主要功能有:根据

应收应付业务的有关凭证，完成应收账款、应付账款等往来业务的登记、核销等工作；动态反映各往来客户的信息；进行账龄分析和坏账估计；生成应收账款、应付账款明细表、账龄分析表等；自动编制有关凭证并传递到账务处理模块。

17．B　【解析】会计电算化工作的主要目的就是减轻会计人员的工作负担，提高工作效率，把工作重点转移到企业的管理和决策方面。

18．C　【解析】所谓的"信息孤岛"，是指企业的会计电算化系统与其他业务信息系统、会计电算化系统的会计信息与其他业务信息等不能有效融合。

19．D　【解析】会计核算软件的功能模块一般可划分为账务处理、应收/应付款核算、工资核算、固定资产核算、存货核算、销售核算、成本核算、会计报表生成与汇总、财务分析等。

20．B　【解析】会计电算化的作用主要是提高经营管理水平。会计是经济管理的一部分，会计提供的数据为经济管理者服务。会计电算化系统极大地提高了会计核算工作的水平和质量，同时也提高了企业现代化经营管理水平。

21．C　【解析】XBRL是"可扩展商业报告语言"的简称，故A选项错误；XBRL规定企业信息报告的表达方法，降低了数据采集成本，故B选项错误；XBRL中国地区组织于2008年11月成立，故D选项错误。因此，本题正确答案为C选项。

22．B　【解析】2009年4月，财政部在《关于全面推进我国会计信息化工作的指导意见》中将XBRL纳入会计信息化的标准。

23．A　【解析】2010年10月19日，国家标准化管理委员会和财政部颁布了可扩展商业报告语言（XBRL）技术规范系列国家标准和企业会计准则通用分类标准。

24．D　【解析】本题考查自行开发软件的优点。采用这种方式的优点主要有：①企业能够在充分考虑自身生产经营特点和管理要求的基础上，设计最有针对性和适用性的会计软件；②由于企业内部员工对系统充分了解，当会计软件出现问题或需要改进时，企业能够及时高效地纠错和调整，保证系统使用的流畅性。

25. A 【解析】本题考查自行开发的概念。自行开发是指企业自行组织人员进行会计软件开发。

26. C 【解析】本题考查委托外部单位开发的概念。委托外部单位开发是指企业通过委托外部单位进行会计软件开发。

27. D 【解析】本题考查委托外部单位开发的优点。采用这种方式的优点主要有：①软件的针对性较强，降低了用户的使用难度；②对企业自身技术力量的要求不高。

28. B 【解析】委托外部单位开发会计软件的方式目前已很少使用。

29. C 【解析】本题考查企业与外部单位联合开发的优点。采用这种方式的优点主要有：①开发工作既考虑了企业的自身需求，又利用了外部单位的软件开发力量，开发的系统质量较高；②企业内部人员参与开发，对系统的结构和流程较熟悉，有利于企业日后进行系统维护和升级。

30. A 【解析】账务处理模块是以凭证为数据处理起点。

31. D 【解析】完整的会计软件的功能模块包括：账务处理模块、固定资产管理模块、工资管理模块、应收管理模块、应付管理模块、成本管理模块、报表管理模块、存货核算模块、财务分析模块、预算管理模块、项目管理模块、其他管理模块。

32. B 【解析】固定资产管理模块实现固定资产的会计核算、折旧计提和分配、设备管理等功能。

33. A 【解析】固定资产管理模块实现固定资产的会计核算、折旧计提和分配、设备管理等功能，同时提供了固定资产按类别、使用情况、所属部门和价值结构等进行分析、统计和各种条件下的查询、打印功能,以及该模块与其他模块的数据接口管理。

34. C 【解析】为保证通用性,软件功能设置往往过于复杂。

35. A 【解析】工资管理模块以人力资源管理提供的员工及其工资的基本数据为依据。

36. C 【解析】应收、应付管理模块记录销售、采购业务所形成的往来款项,处理应收、应付款项的收回、支付和转账,进行账龄分析和坏账估计及冲销,并对往来业务中的票据、合同进行管理,同时提供统计分析、打印和查询输出功能。

37. A 【解析】成本管理模块能够满足会计核算的事前预测、事后核算分析的需要。

38. A 【解析】在网络环境下,很多报表管理模块同时提供了远程报表的汇总、数据传输、检索查询和分析处理等功能。

39. B 【解析】存货核算模块以供应链模块产生的入库单、出库单、采购发票等核算单据为依据完成核算功能。

40. C 【解析】存货核算模块能够核算存货的出入库和库存金额、余额,确认采购成本,分配采购费用,确认销售收入、成本和费用。

41. C 【解析】存货核算模块能够核算存货的出入库和库存金额、余额,确认采购成本,分配采购费用,确认销售收入、成本和费用。

42. A 【解析】财务分析模块从会计软件的数据库中提取数据,运用各种专门的分析方法,完成对企业财务活动的分析。

43. A 【解析】财务分析模块生成各种分析和评价企业财务状况、经营成果和现金流量的各种信息。

44. B 【解析】项目管理模块主要是对企业的项目进行核算、控制与管理。

45. B 【解析】客户以远程访问、云计算等方式使用会计软件生成的电子会计资料归客户所有。

二、多项选择题（每题的备选项中，有两个或两个以上符合题意的正确答案。多选、少选、错选、不选均不得分）

1. AC 【解析】会计电算化是会计信息化的初级阶段，是会计信息化的基础工作。

2. AB 【解析】会计信息系统作为 ERP 系统（管理信息系统）中的重要子系统，已经与其他业务子系统融为一体。

3. ABCD 【解析】会计电算化在运算工具、信息载体、簿记规则、账务处理程序、会计行使职能的侧重点和会计人员岗位分工等方面与手工会计核算存在很大差异。故选 ABCD。

4. ABC 【解析】实现会计电算化后，经济业务并不是都由计算机完成。

5. ABCD 【解析】广义的会计电算化，是指与实现会计工作电算化有关的所有工作。包括会计电算化软件的开发和应用，会计电算化人才的培训，会计电算化的宏观规划，会计电算化的制度建设，会计电算化软件市场的培育与发展等。

6. ABC 【解析】会计软件通常具有以下主要功能：①为会计核算、财务管理直接提供数据输入；②生成凭证、账簿、报表等会计资料；③对会计资料进行转换、输出、分析、利用。

7. ABCD 【解析】企业应用 XBRL 的优势主要有：①提供更为精确的财务报告与更具可信度和相关性的信息；②降低数据采集成本，提高数据流转及交换效率；③帮助数据使用者更快捷方便地调用、读取和分析数据；④使财务数据具有更广泛的可比性；⑤增加资料在未来的可读性与可维护性；⑥适应变化的会计准则制度的要求。故 ABCD 全选。

8. ACD 【解析】定制开发软件方式包括企业自行开发、委托外部单位开发、企业与外部单位联合开发三种具体开发方式。

9. ABCD 【解析】成本管理模块具有与生产模块、供应链模块,以及账务处理、工资处理、固定资产管理和存货核算等模块进行数据传递的功能。

10. AC 【解析】会计核算软件通常分为账务处理、工资核算、应收/应付款核算、存货核算、固定资产核算、销售核算、成本核算、会计报表生成与汇总、财务分析等功能模块。

11. ABCD 【解析】现代信息技术手段能够实时便捷地获取、加工、传递、存储和应用会计信息,为企业经营管理、控制决策和经济运行提供充足、实时、全方位的信息。

12. ABD 【解析】A、B、D选项均为会计信息系统按照信息技术的影响程度可划分的种类,C选项是会计信息系统按照功能和管理层次的高低划分的种类。

13. ABC 【解析】本题考查会计信息系统的相关概念,A、B、C选项均为正确说法。会计信息系统是ERP系统的一个子系统,因此D选项错误。

14. ABCD 【解析】在功能层次上,ERP除了最核心的财务、分销和生产管理等管理功能以外,还集成了人力资源、质量管理、决策支持等企业其他管理功能。

15. ABC 【解析】XBRL的主要作用在于将财务和商业数据电子化,促进了财务和商业信息的显示、分析和传递。

16. AB 【解析】本题考查企业与外部单位联合开发会计软件的优点。其中C、D选项是委托外部单位开发会计软件的优点。

17. ABCD 【解析】目前许多商品化的账务处理模块还包括往来款管理、部门核算、项目核算和管理及现金银行管理等一些辅助核算的功能。

18. AD 【解析】固定资产管理模块主要是以固定资产卡片和固定资产明细账为基础。

19. ABCD 【解析】应收、应付管理模块以发票、费用单据、其他应收单据、应付单据等原始单据为依据。

20. ABD 【解析】成本管理模块主要提供成本核算、成本分析、成本预测功能。

21. ABCD 【解析】报表管理模块可以生成各种内部报表、外部报表、汇总报表,并根据报表数据分析报表,以及生成各种分析图等。

22. ABC 【解析】在网络环境下,很多报表管理模块同时提供了远程报表的汇总、数据传输、检索查询和分析处理等功能。

23. ABCD 【解析】存货核算模块核算存货的出入库和库存金额、余额,确认采购成本,分配采购费用,确认销售收入、成本和费用,并将核算完成的数据,按照需要分别传递到成本管理模块、应付管理模块和账务处理模块。

24. AC 【解析】存货核算模块生成的存货入库、存货估价入账、存货出库、盘亏/毁损、存货销售收入、存货期初余额调整等业务的记账凭证,并传递到账务处理模块,以便用户审核登记存货账簿。

25. BCD 【解析】项目管理模块是对项目的物流、信息流、资金流的综合控制。

26. BCD 【解析】应收管理模块完成销售单据处理、客户往来处理、票据处理及坏账处理等业务。

27. ABC 【解析】成本管理模块中如果不使用工资管理、固定资产管理、存货核算模块,则成本管理模块还需要在账务处理模块记账后,自动从账务处理模块中取得材料费用、人工费用和折旧费用等数据。

28. ABCD 【解析】成本管理模块的成本核算完成后，要将结转制造费用、结转辅助生产成本、结转盘点损失和结转工序产品耗用等记账凭证数据传递到账务处理模块。

29. ABCD 【解析】预算管理模块编制的预算经审核批准后，生成各种预算申请单，再传递给账务处理模块、应收管理模块、应付管理模块、固定资产管理模块、工资管理模块，进行责任控制。

30. ABC 【解析】存货核算、工资管理、固定资产管理、项目管理等模块均可以从成本管理模块获得有关的成本数据。

31. CD 【解析】存货核算模块将应计入外购入库成本的运费、装卸费等采购费用和应计入委托加工入库成本的加工费传递到应付管理模块。

32. AC 【解析】项目管理模块主要是对企业的项目进行核算、控制与管理。项目管理主要包括项目立项、计划、跟踪与控制、终止的业务处理以及项目自身的成本核算等功能。

33. ABC 【解析】固定资产管理模块完成固定资产增加、减少、盘盈、盘亏、固定资产变动、固定资产评估和折旧分配等业务。

34. BC 【解析】会计软件应当记录生成用户操作日志，确保日志的安全、完整，故 A 选项错误；鼓励软件供应商采用呼叫中心、在线客服等方式为用户提供实时技术支持，故 D 选项错误。

35. ABCD 【解析】会计软件不得提供对已记账凭证日期、金额、科目和操作人的修改功能。

三、判断题（正确的请在题后括号中画"√"，错误的请在题后括号中画"×"。不判断、判断错误的均不得分）

1. √
2. √

3. ×　【解析】会计电算化和会计信息化是信息技术在会计中应用的两个不同的阶段，会计电算化是会计信息化的初级阶段和基础工作。

4. ×　【解析】账务处理模块是以记账凭证为接口与其他功能模块有机连接在一起，构成完整的会计核算系统。

5. √
6. √
7. √
8. √
9. √
10. √
11. √

12. ×　【解析】会计电算化是会计信息化的初级阶段，是会计信息化的基础工作。

13. √

14. ×　【解析】会计信息系统实质是将会计数据转化为会计信息的系统。

15. ×　【解析】会计信息系统是 ERP 系统的一个子系统。

16. √

17. ×　【解析】我国的 XBRL 发展始于证券领域。

18. 　【解析】2008 年 11 月，XBRL 中国地区组织成立。

19. √

20. ×　【解析】2005 年 1 月，深圳证券交易所颁布了 1.0 版本的 XBRL 报送系统。

21. √
22. √
23. √

24. × 【解析】企业自行开发会计软件能够在充分考虑自身生产经营特点和管理要求的基础上，设计最有针对性和适用性的会计软件。

25. √

26. × 【解析】委托外部单位开发会计软件这种方式目前已很少使用。

27. √

28. × 【解析】自行开发软件系统需要大量的计算机专业人才，普通企业难以维持一支稳定的高素质软件人才队伍。

29. × 【解析】委托外部单位开发的系统实用性差，常常不适用于企业的业务处理流程。

30. √

31. × 【解析】账务处理模块是以凭证为数据处理起点的。

32. × 【解析】应收、应付管理模块处理应收、应付款项的收回、支付和转账，而完成对企业财务活动的分析是财务分析模块的功能。

33. √

34. × 【解析】财务分析模块生成各种分析和评价企业财务状况、经营成果和现金流量的各种信息。

35. √

36. √

37. × 【解析】决策支持模块利用现代计算机、通信技术和决策分析方法，通过建立数据库和决策模型，实现向企业决策者提供及时、可靠的财务和业务决策辅助信息。

38. √

39. √

40. √

第二章 会计软件的运行环境

【考情分析】

本章主要介绍了会计软件的硬件环境、软件环境、安全知识等内容,整体难度不大。

本章内容在考试中主要涉及选择题和判断题。学习时应重点掌握会计软件的网络环境及会计软件安全使用的要求。

【知识结构图示】

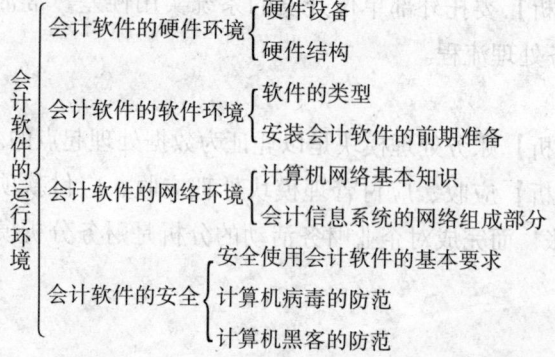

【本章知识要点】

第一节 会计软件的硬件环境

一、硬件设备

硬件设备一般包括输入设备、处理设备、存储设备、输出设备。

（一）输入设备

计算机常见的输入设备有键盘、鼠标、光电自动扫描仪、条形码扫描仪（又称扫码器）、二维码识读设备、POS 机、芯片读卡器、语音输入设备、手写输入设备等。

在会计软件中,键盘一般用来完成会计数据或相关信息的输入工作;鼠标一般用来完成会计软件中的各种用户指令,选择会计软件各功能模块的功能菜单;扫描仪一般用来完成原始凭证和单据的扫描,并将扫描结果存入会计软件相关数据库中。

【经典例题·多选】下列输入设备中,在会计电算化领域常用的有( )。

A. 鼠标　　　B. 写字板　　　C. 触摸屏　　　D. 键盘

【答案】AD

【解析】在会计电算化领域常用的输入设备有鼠标和键盘。

(二) 处理设备

处理设备主要是指计算机主机。中央处理器(CPU)是计算机主机的核心部件,主要功能是按照程序给出的指令序列,分析并执行指令。

(三) 存储设备

计算机的存储设备包括内存储器和外存储器。内存储器即内存,分为随机存储器RAM(Random Access Memory)和只读存储器ROM(Read-Only Memory),一般容量较小,但数据存取速度较快。断电后,RAM的数据将消失。外存储器一般存储容量较大,但数据存取速度较慢。常见的外存储器有硬盘、U盘、光盘等。会计软件中的各种数据一般存储在外存储器中。

【经典例题·判断】内存一般只存放继续处理和正在执行的程序。( )

【答案】√

(四) 输出设备

计算机常见的输出设备有显示器和打印机。

在会计软件中,显示器既可以显示用户在系统中输入的各种命令和信息,也可以显示系统生成的各种会计数据和文件;打印机一般用于打印输出各类凭证、账簿、财务报表等各种会计资料。

二、硬件结构

硬件结构是指硬件设备的不同组合方式。电算化会计信息系统中常见的硬件结构通常有单机结构、多机松散结构、多用户结构和微机局域网络四种形式。

（一）单机结构

单机结构属于单用户工作方式，一台微机同一时刻只能一人使用。

单机结构的优点在于使用简单、配置成本低，数据共享程度高，一致性好；其缺点在于集中输入速度低，不能同时允许多个成员进行操作，并且不能进行分布式处理。它主要适用于数据输入量小的企业。

（二）多机松散结构

多机松散结构是指有多台微机，但每台微机都有相应的输入输出设备，每台微机仍属单机结构，各台微机不发生直接的数据联系（通过磁盘、光盘、U盘、移动硬盘等传送数据）。

多机松散结构的优点在于输入输出集中程度高，速度快；其缺点在于数据共享性能差，系统整体效率低。它主要适用于输入量较大的企业。

（三）多用户结构

多用户结构（又称为联机结构），整个系统配备一台计算机主机（通常是中型机，目前也有较高档的微机）和多个终端（终端由显示器和键盘组成）。主机与终端的距离较近（0.1 km 左右），并为各终端提供虚拟内存，各终端可同时输入数据。

多用户结构的优点在于会计数据可以通过各终端分散输入，并集中存储和处理；缺点在于费用较高，应用软件较少，主机负载过大,容易形成拥塞。它主要适用于输入量大的企业。

(四)微机局域网络

微机局域网络(又称为网络结构),是由一台服务器(通常是高档微机)将许多中低档微机连接在一起(由网络接口卡、通信电缆连接),相互通信、共享资源,组成一个功能更强的计算机网络系统。

微机局域网络通常分为客户机/服务器结构和浏览器/服务器结构两种结构。它主要适用于大中型企业。

1. 客户机/服务器(C/S)结构

在客户机/服务器结构模式下,服务器配备大容量存储器并安装数据库管理系统,负责会计数据的定义、存取、备份和恢复;客户端安装专用的会计软件,负责会计数据的输入、运算和输出。

客户机/服务器结构的优点在于技术成熟、响应速度快、适合处理大量数据;其缺点在于系统客户端软件安装维护的工作量大,且数据库的使用一般仅限于局域网的范围内。

【经典例题·单选】目前实施会计电算化较理想的应用模式是( )。

A. 单机结构和多机松散结构　　B. 多用户结构
C. 计算机网络结构　　　　　　D. 客户机/服务器结构

【答案】D

【解析】客户机/服务器结构的处理方式是一种新型的计算机应用模式,也是目前在会计电算化会计信息系统中使用最理想的计算机系统结构。

2. 浏览器/服务器(B/S)结构

浏览器/服务器结构模式下,服务器是实现会计软件功能的核心部分,客户机上只需安装一个浏览器,用户通过浏览器向分布在网络上的服务器发出请求,服务器对浏览器的请求进行处理,将用户所需信息返回到浏览器。

浏览器/服务器结构的优点在于维护和升级方式简单,运行成本低;其缺点是应用服务器运行数据负荷较重。

【经典例题·多选】电算化会计信息系统中常见的硬件结构的形式通常包括(　　)。

A. 单机结构　　　　　　　B. 多机松散结构

C. 多机结构　　　　　　　D. 单机松散结构

【答案】AB

【解析】电算化会计信息系统中常见的硬件结构通常有单机结构、多机松散结构、多用户结构和微机局域网络四种形式。

第二节　会计软件的软件环境

一、软件的类型

（一）系统软件

系统软件是用来控制计算机运行,管理计算机的各种资源,并为应用软件提供支持和服务的一类软件。系统软件通常包括操作系统、数据库管理系统、支撑软件和语言处理程序等。

1. 操作系统

操作系统是指计算机系统中负责支撑应用程序的运行环境以及用户操作环境的系统软件,具有对硬件直接监管、管理各种计算机资源以及提供面向应用程序的服务等功能。

2. 数据库管理系统

数据库是指按一定的方式组织起来的数据的集合,它具有数据冗余度小、可共享等特点。数据库管理系统是一种操作和管理数据库的大型软件。目前常用的数据库管理系统有Oracle、Sybase、Visual FoxPro、Informix、SQL Server、Access等。

数据库系统主要由数据库、数据库管理系统组成,此外还包括应用程序、硬件和用户。会计软件是基于数据库系统的应用软件。

3．支撑软件

支撑软件是指为配合应用软件有效运行而使用的工具软件，它是软件系统的一个重要组成部分。

4．语言处理程序

语言处理程序包括汇编程序、解释程序和编译程序等，其任务是将用汇编语言或高级语言编写的程序，翻译成计算机硬件能够直接识别和执行的机器指令代码。

【经典例题·单选】将高级语言编写的程序翻译成机器语言程序，采用的两种翻译方式是（　　）。

A．编译和解释　　　　　　B．编译和汇编

C．编译和链接　　　　　　D．解释和汇编

【答案】A

【解析】将高级语言编写的程序翻译成机器语言程序，可以采用编译和解释两种翻译方式，而将汇编语言翻译成机器语言则采用汇编方式。

（二）应用软件

应用软件是为解决各类实际问题而专门设计的软件。会计软件属于应用软件。

二、安装会计软件的前期准备

在安装会计软件前，技术支持人员必须首先确保计算机的操作系统符合会计软件的运行要求。某些情况下，技术支持人员应该事先对操作系统进行一些简单的配置，以确保会计软件能够正常运行。

在检查并设置完操作系统后，技术支持人员需要安装数据库管理系统。

会计软件的正常运行需要某些支撑软件的辅助。因此，在设置完操作系统并安装完数据库管理系统后，技术支持人员应该安装计算机缺少的支撑软件。

在确保计算机操作系统满足会计软件的运行要求，并安装完毕数据库管理软件和支撑软件后，技术支持人员方可开始安装会计软件，同时应考虑会计软件与数据库系统的兼容性。

第三节 会计软件的网络环境

一、计算机网络基本知识

（一）计算机网络的概念与功能

计算机网络是以硬件资源、软件资源和信息资源共享以及信息传递为目的，在统一的网络协议控制下，将地理位置分散的许多独立的计算机系统连接在一起所形成的网络。计算机网络的功能主要体现在资源共享、数据通信、分布处理三个方面。

1．资源共享

在计算机网络中，各种资源可以相互通用，用户可以共同使用网络中的软件、硬件和数据。

2．数据通信

计算机网络可以实现各计算机之间的数据传送，可以根据需要对这些数据进行集中与分散管理。

3．分布处理

当计算机中的某个计算机系统负荷过重时，可以将其处理的任务传送到网络中较空闲的其他计算机系统中，以提高整个系统的利用率。

（二）计算机网络的分类

按照覆盖的地理范围进行分类，计算机网络可以分为局域网、城域网和广域网三类。

1. 局域网（LAN）

局域网是一种在小区域内使用的，由多台计算机组成的网络，覆盖范围通常局限在 10 km 范围之内，属于一个单位或部门组建的小范围网。

2. 城域网（MAN）

城域网是作用范围在广域网与局域网之间的网络，其网络覆盖范围通常可以延伸到整个城市，借助通信光纤将多个局域网联通公用城市网络形成大型网络，使得不仅局域网内的资源可以共享，局域网之间的资源也可以共享。

3. 广域网（WAN）

广域网是一种远程网，涉及长距离的通信，覆盖范围可以是一个国家或多个国家，甚至整个世界。由于广域网地理上的距离可以超过几千千米，所以信息衰减非常严重，这种网络一般要租用专线，通过接口信息处理协议和线路连接起来，构成网状结构，解决寻径问题。

【经典例题·判断】广域网的网络覆盖范围通常可以延伸到整个城市，借助通信光纤将多个局域网联通公用城市网络形成大型网络，使得不仅局域网内的资源可以共享，局域网之间的资源也可以共享。（　　）

【答案】×

【解析】城域网的网络覆盖范围通常可以延伸到整个城市，借助通信光纤将多个局域网联通公用城市网络形成大型网络，使得不仅局域网内的资源可以共享，局域网之间的资源也可以共享。

二、会计信息系统的网络组成部分

（一）服务器

服务器，也称伺服器，是网络环境中的高性能计算机，它侦听网络上的其他计算机（客户机）提交的服务请求，并提供相应的服务，控制客户端计算机对网络资源的访问，并能存储、处理网络上大部分的会计数据和信息。服务器的性能必须适应会计软件的运行要求，其硬件配置一般高于普通客户机。

【经典例题·单选】下列各项设备中，性能最可靠的是（　　）。

A. 服务器　　　　　　　　B. 高配置笔记本电脑

C. 台式个人计算机　　　　D. 上网本

【答案】A

【解析】服务器，也称伺服器，是网络环境中的高性能计算机，对稳定性、安全性、性能等方面要求更高，故其硬件配置一般高于普通客户机。

（二）客户机

客户机又称为用户工作站，是连接到服务器的计算机，能够享受服务器提供的各种资源和服务。会计人员通过客户机使用会计软件，因此客户机的性能也必须适应会计软件的运行要求。

（三）网络连接设备

网络连接设备是把网络中的通信线路连接起来的各种设备的总称，这些设备包括中继器、交换机和路由器等。

第四节　会计软件的安全

一、安全使用会计软件的基本要求

常见的非规范化操作包括密码与权限管理不当、会计档案保存不当、未按照正常操作规范运行软件等。这些操作可能威胁会计软件的安全运行。

（一）严格管理账套使用权限

在使用会计软件时，用户应该对账套使用权限进行严格管理，防止数据外泄；用户不能随便让他人使用计算机；在离开计算机时，必须立即退出会计软件，以防止他人偷窥系统数据。

（二）定期打印备份重要的账簿和报表数据

为防止硬盘上的会计数据遭到意外或被人为破坏，用户需要定期将硬盘数据备份到其他磁性介质上（如U盘、光盘等）。在月末结账后，对本月重要的账簿和报表数据还应该打印备份。

（三）严格管理软件版本升级

对会计软件进行升级的原因主要有：因改错而升级版本；因功能改进和扩充而升级版本；因运行平台升级而升级版本。经过对比审核，如果新版软件更能满足实际需要，企业应该对其进行升级。

二、计算机病毒的防范

计算机病毒是指编制者在计算机程序中插入的破坏计算机功能或数据，影响计算机使用并且能够自我复制的一组计算机指令或程序代码。

（一）计算机病毒的特点

1．寄生性

病毒可以寄生在正常的程序中，跟随正常程序一起运行。

2．传染性

病毒可以通过不同途径传播。

3．潜伏性

病毒可以事先潜伏在计算机中不发作，然后在某一时间集中大规模暴发。

4．隐蔽性

病毒未发作时不易被发现。

5．破坏性

病毒可以破坏计算机，造成计算机运行速度变慢、死机、蓝屏等问题。

6. 可触发性

病毒可以在条件成熟时被触发。

(二) 计算机病毒的类型

1. 按计算机病毒的破坏能力分类

计算机病毒可分为良性病毒和恶性病毒。良性病毒是指那些只占用系统 CPU 资源，但不破坏系统数据，不会使系统瘫痪的计算机病毒。与良性病毒相比，恶性病毒对计算机系统的破坏力更大，包括删除文件、破坏或盗取数据、格式化硬盘、使系统瘫痪等。

2. 按计算机病毒存在的方式分类

计算机病毒可分为引导型病毒、文件型病毒和网络病毒。引导型病毒是在系统开机时进入内存后控制系统，进行病毒传播和破坏活动的病毒；文件型病毒是感染计算机存储设备中的可执行文件，当执行该文件时，再进入内存，控制系统，进行病毒传播和破坏活动的病毒；网络病毒是通过计算机网络传播感染网络中的可执行文件的病毒。

(三) 导致病毒感染的人为因素

1. 不规范的网络操作

不规范的网络操作可能导致计算机感染病毒。其主要途径包括浏览不安全网页、下载被病毒感染的文件或软件、接收被病毒感染的电子邮件、使用即时通信工具等。

2. 使用被病毒感染的磁盘

使用来历不明的硬盘和 U 盘，容易使计算机感染病毒。

(四) 感染计算机病毒的主要症状

当计算机感染病毒时，系统会表现出一些异常症状，主要有：

(1) 系统启动时间比平时长，运行速度减慢。

(2) 系统经常无故发生死机现象。

(3) 系统异常重新启动。

(4) 计算机存储系统的存储容量异常减小,磁盘访问时间比平时长。

(5) 系统不识别硬盘。

(6) 文件的日期、时间、属性、大小等发生变化。

(7) 打印机等一些外部设备工作异常。

(8) 程序或数据丢失或文件损坏。

(9) 系统的蜂鸣器出现异常响声。

(10) 其他异常现象。

(五) 防范计算机病毒的措施

防范计算机病毒的措施主要有:

(1) 规范使用 U 盘的操作。在使用外来 U 盘时应该首先用杀毒软件检查是否有病毒,确认无病毒后再使用。

(2) 使用正版软件,杜绝购买盗版软件。

(3) 谨慎下载与接收网络上的文件和电子邮件。

(4) 经常升级杀毒软件。

(5) 在计算机上安装防火墙。

(6) 经常检查系统内存。

(7) 计算机系统要专机专用,避免使用其他软件。

(六) 计算机病毒的检测与清除

1. 计算机病毒的检测

计算机病毒的检测方法通常有两种:

(1) 人工检测。人工检测是指通过一些软件工具进行病毒检测。这种方法需要检测者熟悉机器指令和操作系统,因而不易普及。

(2) 自动检测。自动检测是指通过一些诊断软件来判断一个系统或一个软件是否有计算机病毒。自动检测比较简单,一般用户都可以进行。

2. 计算机病毒的清除

对于一般用户而言，清除病毒一般使用杀毒软件进行。杀毒软件可以同时清除多种病毒，并且对计算机中的数据没有影响。

【经典例题·多选】可以预防计算机病毒侵入的措施有（　　）。

A. 使用正版软件，杜绝购买盗版软件

B. 计算机系统要专机专用，避免使用其他软件

C. 保持周围环境清洁

D. 经常升级杀毒软件

【答案】ABD

【解析】使用正版软件，杜绝购买盗版软件，计算机系统专机专用，避免使用其他软件，经常升级杀毒软件等方法及措施可以预防计算机病毒的入侵。

三、计算机黑客的防范

计算机黑客是指通过计算机网络非法进入他人系统的计算机入侵者。他们对计算机技术和网络技术非常精通，能够了解系统的漏洞及其原因所在，通过非法闯入计算机网络来窃取机密信息，毁坏某个信息系统。

（一）黑客常用手段

1. 密码破解

黑客通常采用的攻击方式有字典攻击、假登录程序、密码探测程序等，主要目的是获取系统或用户的口令文件。

【经典例题·判断】字典攻击是一种主动攻击，黑客获取系统的口令文件，然后用黑客字典中的单词一个一个进行匹配比较。（　　）

【答案】×

【答案】字典攻击是一种被动攻击。

2．IP 嗅探与欺骗

IP 嗅探是一种被动式攻击，又称为网络监听。它通过改变网卡的操作模式来接收流经计算机的所有信息包，以便截取其他计算机的数据报文或口令。

欺骗是一种主动式攻击，它将网络上的某台计算机伪装成另一台不同的主机，目的是使网络中的其他计算机误将冒名顶替者当成原始的计算机而向其发送数据。

3．攻击系统漏洞

系统漏洞是指程序在设计、实现和操作上存在的错误。黑客利用这些漏洞攻击网络中的目标计算机。

4．端口扫描

由于计算机与外界通信必须通过某个端口才能进行。黑客可以利用一些端口扫描软件对被攻击的目标计算机进行端口扫描，搜索到计算机的开放端口并进行攻击。

（二）防范黑客的措施

1．制定相关法律法规加以约束

随着网络技术的形成和发展，有关网络信息安全的法律法规相继诞生，以有效规范和约束与网络信息传递相关的各种行为。

2．数据加密

数据加密的目的是保护系统内的数据、文件、口令和控制信息，同时也可以提高网上传输数据的可靠性。

3．身份认证

系统可以通过密码或特征信息等来确认用户身份的真实性，只对确认了身份的用户给予相应的访问权限，从而降低黑客攻击的可能性。

4．建立完善的访问控制策略

系统应该设置进入网络的访问权限、目录安全等级控制、网络端口和节点的安全控制、防火墙的安全控制等。通过各种安全控制机制的相互配合，才能最大限度地保护计算机系统免受黑客的攻击。

【经典例题·判断】当计算机无法正常使用系统内的设备时，系统内一定存在病毒。（　　）

【答案】×

【解析】当计算机无法正常使用系统内的设备时，有可能是系统的硬件或软件本身的问题，并不是一定存在病毒。

【题库·同步强化练习】

一、单项选择题（每题的备选项中，只有一个符合题意的正确答案。多选、错选、不选均不得分）

1. （　　）是使用计算机所运行的全部程序的总称。

   A. 软件系统　　　　　　　　B. 硬件系统
   C. 计算机软件　　　　　　　D. 计算机硬件

2. 微型计算机系统中的中央处理器主要由（　　）构成。

   A. 内存储器和控制器
   B. 内存储器和运算器
   C. 控制器和运算器
   D. 内存储器、控制器和运算器

3. 下列选项中，都属于硬件的选项是（　　）。

   A. CPU、ROM 和 DOS　　　　B. 软盘、硬盘和光盘
   C. 鼠标、WPS 和 RAM　　　　D. ROM、RAM 和 PASCAL

4. ROM 是指（　　）。

   A. 外存储器　　　　　　　　B. 只读存储器
   C. 随机存储器　　　　　　　D. 中央处理器

5. 若计算机在工作过程中电源突然中断，则计算机中将全部丢失的是（　　）。

A. RAM 中的信息 　　　　　B. ROM 中的信息
C. 硬盘中的信息 　　　　　D. ROM 和 RAM 中的信息

6. 一般情况下断电后 ROM 存储的信息（　　）。
A. 丢失 　　　　　B. 被存储到硬盘
C. 不会丢失 　　　　　D. 被重写

7. 某一单位内（如学校）的一个计算机网络属于（　　）。
A. 广域网 　　B. 局域网 　　C. 城域网 　　D. 校园网

8. 若发现 U 盘已感染病毒，则可（　　）。
A. 将该 U 盘报废
B. 换一台计算机再使用该 U 盘上的文件
C. 将该 U 盘上的文件拷贝到另一张 U 盘上使用
D. 用杀毒软件清除该 U 盘上的病毒或者在确认无病毒的计算机上格式化该 U 盘

9. 决定计算机性能最主要的部件是（　　）。
A. ROM 　　B. RAM 　　C. CPU 　　D. 硬盘

10. 计算机病毒是可以造成计算机故障的一种（　　）。
A. 计算机设备 　　　　　B. 计算机芯片
C. 计算机部件 　　　　　D. 计算机程序

11. 有多台微机，但每台微机都有相应的输入输出设备，每台微机仍属单机结构，各台微机不发生直接的联系，以上描述的是（　　）。
A. 单机结构 　　　　　B. 多用户结构
C. 多机松散结构 　　　　　D. 微机局域网络

12. 某单位的财务管理软件属于（　　）。
A. 工具软件 　　　　　B. 应用软件
C. 系统软件 　　　　　D. 字表处理软件

13. 下列选项中，不属于输入设备的是（　　）。

A. 键盘　　　B. 鼠标　　　C. 打印机　　　D. 扫描仪

14. 计算机网络的主要功能之一是（　　）。

   A. 资源共享　　　　　　　B. 通存通兑

   C. 会计电算化　　　　　　D. 保存数据

15. 按照程序给出的指令序列，分析并执行指令的是（　　）。

   A. 内存储器　　　　　　　B. 中央处理器

   C. 外存储器　　　　　　　D. 机箱

16. 会计软件中用户指令的完成一般使用（　　）。

   A. 键盘　　　B. 鼠标　　　C. POS机　　　D. 扫描仪

17. 硬件设备不同的组合形式称为（　　）。

   A. 硬件形式　　　　　　　B. 硬件结构

   C. 软件环境　　　　　　　D. 操作系统

18. 下列关于CD-ROM驱动器的叙述中，错误的是（　　）。

   A. CD-ROM驱动器有内置和外置两种

   B. 用户可以读写CD-ROM中的信息

   C. CD-ROM存储量大

   D. CD-ROM是多媒体计算机系统的必备设备

19. 下列选项中，存取速度最快的是（　　）。

   A. 光盘　　　B. 内存　　　C. 软盘　　　D. 硬盘

20. 下列选项中，不属于数据库管理系统的是（　　）。

   A. Java　　　　　　　　　B. SQL Server

   C. Access　　　　　　　　D. Oracle

21. 下列选项中，不是计算机感染病毒的是（　　）。

   A. 程序或数据文件神秘丢失，可执行文件大小发生变化，或产生特殊文件

   B. 打印机无法打印输出

   C. 系统不认磁盘，或硬盘不能引导系统

D. 内存空间变小，磁盘空间突然出现坏扇区或变小

22. 单机结构属于（　　）。

　A. 联机结构方式　　　　　　B. 多用户工作方式

　C. 单用户工作方式　　　　　D. 网络结构方式

23. 各台微机只能通过磁盘、光盘、U盘、移动硬盘等传送数据的为（　　）。

　A. 多机松散结构　　　　　　B. 微机局域结构

　C. 多用户结构　　　　　　　D. 以上均可

24. 多用户结构的终端由（　　）组成。

　A. 键盘和鼠标　　　　　　　B. 主机和键盘

　C. 主机和显示器　　　　　　D. 显示器和键盘

25. 多用户结构又称（　　）。

　A. 单机结构　　　　　　　　B. 联机结构

　C. 网络结构　　　　　　　　D. C/S 结构

26. B/S 结构是指（　　）。

　A. 客户机/服务器结构　　　　B. 服务器/客户机结构

　C. 服务器/浏览器结构　　　　D. 浏览器/服务器结构

27. 客户机/服务器结构模式下，服务器配备大容量存储器并安装数据库管理系统，负责（　　）。

　A. 会计数据的定义、存取、备份和恢复

　B. 会计数据的输入、运算和输出

　C. 向分布在网络上的服务器发出请求

　D. 以上都对

28. 用来控制计算机运行，管理计算机的各种资源，并为应用软件提供支持和服务的一类软件是（　　）。

　A. 系统软件　　　　　　　　B. 应用软件

　C. 网络通信软件　　　　　　D. 统计软件

29. 计算机系统中负责支撑应用程序的运行环境以及用户操作环境的系统软件是（　　）。

　　A. 操作系统　　　　　　　　B. 数据库管理系统

　　B. 语言处理程序　　　　　　D. 支撑软件

30. （　　）是指按照一定的方式组织起来的数据的集合。

　　A. 电子表格　　　　　　　　B. 数据库管理系统

　　C. 表格处理软件　　　　　　D. 数据库

31. 为配合应用软件有效运行而使用的工具软件是（　　）。

　　A. 操作系统　　　　　　　　B. 数据库系统

　　C. 语言处理程序　　　　　　D. 支撑软件

32. （　　）是为解决各类实际问题而专门设计的软件。

　　A. 系统软件　　　　　　　　B. 应用软件

　　C. 语言处理程序　　　　　　D. 支撑软件

33. 下列关于系统软件的说法，不正确的是（　　）。

　　A. 系统软件用来控制计算机运行

　　B. 系统软件是为了解决各类应用问题而设计的计算机软件

　　C. 系统软件能够为应用软件提供支持

　　D. 汇编程序、解释程序和编译程序都是系统软件

34. 资源共享包括（　　）。

　　A. 硬件共享　　　　　　　　B. 数据共享

　　C. 软件共享　　　　　　　　D. 以上都对

35. 一种在小区域内使用的，由多台计算机组成的网络，覆盖范围通常局限在 10 km 范围之内的网络是（　　）。

　　A. 局域网　　　　　　　　　B. 城域网

　　C. 广域网　　　　　　　　　D. 以上都不对

36. 网络覆盖范围通常可以延伸到整个城市，借助通信光纤将多个局域网联通公用城市网络形成大型网络是（　　）。

A. 局域网 B. 城域网
C. 广域网 D. 以上都不对

37. 覆盖范围可以是一个国家或多个国家,甚至整个世界的网络是（ ）。

A. 局域网 B. 城域网
C. 广域网 D. 以上都不对

38. 在计算机网络中,LAN 网络是指（ ）。

A. 局域网 B. 城域网 C. 广域网 D. 以太网

39. "病毒可以寄生在正常的程序中,跟随正常程序一起运行"是计算机病毒的（ ）。

A. 传染性 B. 潜伏性 C. 寄生性 D. 破坏性

40. 病毒可以事先潜伏在计算机中不发作,然后在某一时间集中大规模暴发是指计算机病毒的（ ）。

A. 传染性 B. 潜伏性 C. 寄生性 D. 破坏性

二、多项选择题（每题的备选项中,有两个或两个以上符合题意的正确答案。多选、少选、错选、不选均不得分）

1. 内存储器分为（ ）。

A. CPU B. ROM C. RAM D. LCD

2. 黑客攻击通常采用的攻击方式有（ ）。

A. 破解密码 B. IP 嗅探与欺骗
C. 攻击系统漏洞 D. 扫描端口

3. 计算机感染病毒后会产生各种现象,下列选项中属于计算机感染病毒现象的有（ ）。

A. 文件占用的空间变大
B. 机器 1 小时内死机 3 次,不能正常启动
C. 屏幕显示异常图形

D. 机内的电扇不转

4. 内部人员道德风险，主要指企业内部人员对信息的（   ）等方面的风险。

A. 非法访问　　　　　　　　B. 篡改

C. 泄密　　　　　　　　　　D. 破坏

5. 电算化会计信息系统中，常见的硬件结构有（   ）。

A. 单机结构　　　　　　　　B. 多用户结构

C. 多机松散结构　　　　　　D. 微机局域网络

6. 系统软件通常包括（   ）。

A. 操作系统　　　　　　　　B. 支撑软件

C. 应用软件　　　　　　　　D. 数据库管理系统

7. 计算机网络是现代计算机技术与通信技术相结合的产物，它是以（   ）为目的，在统一的网络协议控制下，将地理位置分散的许多独立的计算机系统连接在一起所形成的网络。

A. 硬件资源和软件资源共享　B. 信息化

C. 信息资源共享　　　　　　D. 信息传递

8. 安全使用会计软件的基本要求有（   ）。

A. 严格管理账套使用权限

B. 严格管理软件版本升级

C. 定期打印备份重要的账簿和报表数据

D. 防范计算机病毒和计算机黑客的攻击

9. 下列关于应用软件的说法中，正确的有（   ）。

A. 应用软件用于管理和维护计算机资源

B. 应用软件是为解决各类应用问题而设计的各种计算机软件

C. 应用软件用于协调计算机各部分的工作、增强计算机功能

D. Word 和 Excel 系统都属于应用软件

10. 下列选项中，属于数据库管理系统的有（   ）。

A. Oracle B. Excel C. Windows D. Access

11. 文件型病毒通常感染扩展名为（   ）的文件。

A. .JPG B. .EXE C. .TXT D. .COM

12. 计算机网络按其所覆盖范围的大小和计算机之间互联距离的不同，可分为（   ）。

A. 局域网 B. 城域网 C. 广域网 D. 无线网

13. 下列选项中，属于应用软件的有（   ）。

A. 文字处理软件 B. 数据库管理系统

C. 财务管理系统 D. 图形软件

14. 下列选项中，属于输入、输出设备的有（   ）。

A. 键盘 B. 鼠标 C. 硬盘 D. 显示器

15. 下列选项中，可构成计算机主机的部件有（   ）。

A. 键盘 B. CPU C. 显示器 D. 内存

16. 在会计电算化工作中常用的输入设备有（   ）。

A. 键盘 B. 鼠标 C. POS 机 D. 扫描仪

17. 下列选项中，属于计算机硬件设备的有（   ）。

A. 输出设备 B. 输入设备

C. 处理设备 D. 通信设备

18. 下列选项中，属于常见的存储设备的有（   ）。

A. 键盘、光盘和打印机 B. 硬盘、U 盘和光盘

C. 键盘、鼠标和显示器 D. RAM、ROM

19. 计算机中常用的外存储器有（   ）。

A. 硬盘 B. 光盘 C. U 盘 D. 内存

20. 内存储器比外存储器相比具有（   ）的特点。

A. 容量大 B. 速度慢 C. 容量小 D. 速度快

21. 会计信息系统中常见的硬件结构有（   ）。

A. 单机结构 B. 多机松散结构

C. 微机局域结构 D. 多用户结构

22. 微机局域网络结构通常分为（ ）。

    A. 客户机/服务器结构   B. 服务器/客户机结构

    C. 服务器/浏览器结构   D. 浏览器/服务器结构

23. 微机局域网络通过（ ）将许多中低档微机连接在一起。

    A. 网络接口卡   B. 通信电缆

    C. 计算机主机   D. 移动存储

24. 与 B/S 结构相比，C/S 结构具有（ ）的特点。

    A. 系统客户端软件安装维护的工作量大

    B. 维护和升级方式简单

    C. 数据库的使用一般仅限于局域网的范围

    D. 输入输出集中程度高，速度快

25. 多用户结构终端由（ ）组成。

    A. 显示器   B. 键盘   C. 鼠标   D. 扫描仪

26. 关于多用户结构，下列选项中说法正确的是（ ）。

    A. 各台微机之间不发生直接的数据联系

    B. 整个系统配备一台计算机主机和多个终端

    C. 主机与终端的距离较近

    D. 主机为终端提供虚拟内存

27. 关于多机松散结构，下列选项中说法不正确的是（ ）。

    A. 输入输出集中程度高，速度快

    B. 主要适用于大中型企业

    C. 数据共享程度高，一致性好

    D. 各台微机不发生直接的数据联系

28. 关于客户机/服务器结构，下列选项中说法正确的是（ ）。

    A. 客户端负责会计数据的定义、存取、备份和输出

B. 服务器负责会计数据的输入、运算和输出

C. 系统客户端软件安装维护的工作量大

D. 数据库的使用一般仅限于局域网的范围内

29. 关于浏览器/服务器结构,下列选项中说法正确的有(   )。

A. 服务器是实现会计软件功能的核心部分

B. 维护和升级方式简单

C. 数据库的使用一般仅限于局域网的范围内

D. 应用服务器运行数据负荷较重

30. 计算机软件分为(   )。

A. 统计软件   B. 系统软件

C. 网络通信软件   D. 应用软件

31. 系统软件通常包括(   )。

A. 操作软件   B. 数据库管理系统

C. 语言处理程序   D. 支撑软件

32. 操作软件的功能有(   )。

A. 对硬件直接监管   B. 管理各种计算机资源

C. 解决各类实际问题   D. 提供面向应用程序的服务

33. 数据库的特点是(   )。

A. 实际冗余度小   B. 数据冗余度大

C. 可共享   D. 不可共享

34. 下列选项中,属于常用数据库管理系统的是(   )。

A. Oracle   B. Sybace   C. Access   D. Excel

35. 语言处理程序包括(   )等。

A. 高级语言   B. 汇编程序

C. 解释程序   D. 编译程序

36. 下列选项中,属于系统软件的是(   )。

A. Windows   B. Oracle

C. BASIC 语言　　　　　　D. Excel

37. 下列选项中属于安装会计软件前期准备的是（　　）。

A. 确保计算机操作系统满足会计软件的运行要求

B. 安装 Excel 等应用软件

C. 安装数据库管理系统

D. 安装计算机缺少的支撑软件

38. 关于计算机网络，下列选项中说法正确的是（　　）。

A. 以硬件资源、软件资源和信息资源共享以及信息传递为目的

B. 将地理位置分散的许多独立的计算机系统连接在一起

C. 计算机网络可以分为局域网和广域网两类

D. 计算机网络中的用户可以共同使用网络中的数据和软件，但无法共享硬件

39. 对会计软件进行升级的原因包括（　　）。

A. 改错　　　　　　　　　B. 功能改进

C. 运行平台升级　　　　　D. 计算机病毒

40. 恶性病毒对计算机系统的破坏力非常大，包括（　　）等。

A. 删除文件　　　　　　　B. 破坏或盗取数据

C. 格式化硬盘　　　　　　D. 使系统瘫痪

三、判断题（正确的请在题后括号中画"√"，错误的请在题后括号中画"×"。不判断、判断错误的均不得分）

1. 会计软件属于系统软件。（　　）

2. 服务器硬件配置一般高于普通客户机。（　　）

3. 单机结构不能进行分布式处理，仅适用于数据输入量小的企业。（　　）

4. 鼠标是计算机最常用的输入设备之一。（　　）

5. CPU 和 RAM 是计算机的外部设备。（   ）

6. 中央处理器本身不是计算机，它是计算机的控制和处理部分。（   ）

7. 运算器和控制器构成了中央处理器 CPU。（   ）

8. 系统软件是为了管理维护计算机资源而编制的程序和有关文档的总和，其中数据库管理系统最为重要，它是所有软件的核心。（   ）

9. 所谓硬件就是指计算机设备的实体，它是计算机工作的物质基础。（   ）

10. 计算机通信应用领域的典型代表是计算机网络。（   ）

11. 网络化是指计算机网络可以实现资源共享，使网络内众多的计算机能共享相互的硬件、软件、数据等计算机资源。（   ）

12. 安装会计软件前，应确保已经安装数据库管理软件，同时应考虑会计软件与数据库系统的兼容性。（   ）

13. 病毒可以寄生在正常的程序中，跟随正常程序一起运行。（   ）

14. 硬盘如果带有引导型病毒，当用硬盘启动系统时，病毒就会也启动起来进入内存。（   ）

15. 使用杀毒软件可以检查和清除所有的病毒。（   ）

16. 在会计软件中，鼠标一般用来完成会计数据或相关信息的输入工作。（   ）

17. 在会计软件中，键盘一般用来完成会计软件中的各种用户指令，选择会计软件各功能模块的功能菜单。（   ）

18. 在会计软件中，芯片读卡器一般用来完成原始凭证和单据的扫描，并将扫描结果存入会计软件相关数据库中。（   ）

19. 外存储器一般容量较小，但数据存取速度较快。（   ）

20. 会计软件中的各种数据一般存储在外存储器中。（   ）

21. 硬件结构是指硬件设备的不同组合方式。（　　）
22. 多机松散结构的优点在于使用简单，配置成本低，数据共享程度高。（　　）
23. 多机松散结构集中输入速度低，不能同时允许多个成员进行操作。（　　）
24. 多用户结构各台微机之间不发生直接的数据联系。（　　）
25. 多机松散结构中每台微机仍属于单机结构。（　　）
26. 多用户结构通过磁盘、光盘、U盘、移动硬盘等传送数据。（　　）
27. 多用户结构又称为网络结构。（　　）
28. 微机局域网络主要适用于大中型企业。（　　）
29. 系统软件是用来控制计算机运行，管理计算机的各种资源，并为应用软件提供支持和服务的一类软件。（　　）
30. 操作系统是指计算机系统中负责支撑应用程序的运行环境以及用户操作环境的系统软件。（　　）
31. 数据库是指按一定方式组织起来的数据的集合。（　　）
32. 支撑软件是指为配合应用软件有效运行而使用的工具软件，它是软件系统的一个重要组成部分。（　　）
33. 在检查并设置完操作系统后，就可以安装会计软件。（　　）
34. 计算机网络的功能主要体现在资源共享、数据通信两个方面。（　　）
35. 会计人员通过客户机使用会计软件。（　　）
36. 非规范化操作可能威胁会计软件的安全运行。（　　）
37. 会计软件一旦有了新版本，企业应当立即升级。（　　）
38. 计算机病毒的潜伏性是指病毒未发作时不易被发现。（　　）
39. 与良性病毒相比，恶性病毒对计算机系统的破坏力更大。（　　）

40. 病毒可以破坏计算机，造成计算机运行速度变慢、死机、蓝屏等问题。（　　）

【参考答案及解析】

一、单项选择题（每题的备选项中，只有一个符合题意的正确答案。多选、错选、不选均不得分）

1. A　　【解析】软件系统是指使用计算机所运行的全部程序的总称。

2. C　　【解析】微型计算机系统中的中央处理器（简称 CPU）也称微处理器，主要由控制器和运算器构成，是计算机系统的核心。

3. B　　【解析】选项 A 中的 DOS 是系统软件中的操作系统，选项 C 中的 WPS 是应用软件，选项 D 中的 PASCAL 是应用软件。

4. B　　【解析】ROM 是指只读存储器。

5. A　　【解析】断电后，RAM 中的信息将会消失。

6. C　　【解析】断电后，通过 ROM 存储的信息不会丢失。

7. B　　【解析】按覆盖的地理范围划分，可把网络分为局域网、广域网、城域网三种。局域网是位于一个建筑物或一个单位内，不存在路径问题，校园网属于局域网。

8. D　　【解析】若发现某 U 盘已经感染病毒，则可用杀毒软件清除该 U 盘上的病毒或者在确认无病毒的计算机上格式化该 U 盘。

9. C　　【解析】CPU 是计算机主机的核心部件，是决定计算机性能最主要的部件。

10. D　　【解析】计算机病毒是一种人为蓄意编制的能够侵入计算机系统并可导致计算机系统故障的具有自我复制能力的计算机程序。因此选 D。

11. C 【解析】多机松散结构是指有多台微机,但每台微机都有相应的输入输出设备,每台微机仍属单机结构,各台微机不发生直接的联系。

12. B 【解析】财务管理软件属于应用软件。

13. C 【解析】打印机属于输出设备。因此选 C。

14. A 【解析】计算机网络的主要功能是资源共享、数据通信和分布处理。因此选 A。

15. B 【解析】中央处理器按照程序给出的指令序列,分析并执行指令。

16. B 【解析】在会计软件中,键盘一般用来完成会计数据或相关信息的输入工作;鼠标用来完成会计软件中的各种用户指令工作。

17. B 【解析】硬件结构是指硬件设备的不同组合方式。

18. B 【解析】B 项错误,因为 CD-ROM 意为只读光盘,用户只可以读取其中信息而不能写入信息。

19. B 【解析】从存取速度看,内存＞硬盘＞光盘＞软盘。

20. A 【解析】曾在微机上广为应用的数据库管理系统有 Fox-BASE、FoxPro、DB2、Oracle、SQL Server、Access 和 Paradox 等。

21. B 【解析】B 选项不是计算机感染病毒的症状,打印机无法打印通常是由于硬件或软件故障造成的。

22. C 【解析】单机结构属于单用户工作方式,一台微机同一时刻只能一人使用。

23. A 【解析】多机松散结构中各台微机通过磁盘、光盘、U 盘、移动硬盘等传送数据。

24. D 【解析】多用户结构终端由显示器和键盘组成。

25. B 【解析】多用户结构又称为联机结构。

26. D 【解析】B/S 结构是指浏览器/服务器结构。

27. A 【解析】在客户机/服务器结构模式下,服务器配备大容量存储器并安装数据库管理系统,负责会计数据的定义、存取、备份和恢复。

28. A 【解析】系统软件是用来控制计算机运行,管理计算机的各种资源,并为应用软件提供支持和服务的一类软件。

29. A 【解析】操作系统是指计算机系统中负责支撑应用程序的运行环境以及用户操作环境的系统软件。

30. D 【解析】数据库是指按一定的方式组织起来的数据的集合。

31. D 【解析】支撑软件是指为配合应用软件有效运行而使用的工具软件。

32. B 【解析】应用软件是为解决各类实际问题而专门设计的软件。

33. B 【解析】选项 B 提到的"系统软件"是用来控制计算机运行,管理计算机的各种资源,并为应用软件提供支持和服务的一类软件。而应用软件是为解决各类实际问题而专门设计的软件。所以选项 B 的说法是错误的。

34. D 【解析】在计算机网络中,各种资源可以相互通用,用户可以共同使用网络中的软件、硬件和数据。

35. A 【解析】局域网是一种在小区域内使用的,由多台计算机组成的网络,覆盖范围通常局限在 10 千米范围之内。

36. B 【解析】城域网网络覆盖范围通常可以延伸到整个城市,借助通信光纤将多个局域网联通公用城市网络形成大型网络。

37. C 【解析】广域网覆盖范围可以是一个国家或多个国家,甚至整个世界。

38. A 【解析】LAN 网络是指局域网。

39. C 【解析】寄生性是指病毒可以寄生在正常的程序中,

跟随正常程序一起运行。

40. B 【解析】潜伏性是指病毒可以事先潜伏在计算机中不发作,然后在某一时间集中大规模暴发。

二、多项选择题（每题的备选项中,有两个或两个以上符合题意的正确答案。多选、少选、错选、不选均不得分）

1. BC 【解析】内存储器即内存,分为随机存储器 RAM 和只读存储器 ROM。

2. ABCD 【解析】计算机黑客常用手段有破解密码、IP 嗅探与欺骗、攻击系统漏洞与扫描端口。

3. ABC 【解析】本题考查计算机病毒的症状。

4. ABCD 【解析】内部人员道德风险,主要指企业内部人员对信息的非法访问、篡改、泄密、破坏等方面的风险。

5. ABCD 【解析】电算化会计信息系统中常见的硬件结构通常有单机结构、多机松散结构、多用户结构和微机局域网络四种形式。

6. ABD 【解析】系统软件通常包括操作系统、数据库管理系统、支撑软件和语言处理程序等。

7. ACD 【解析】计算机网络是现代计算机技术与通信技术相结合的产物,它是以硬件资源和软件资源共享、信息资源共享、信息传递为目的的。在统一的网络协议控制下,将地理位置分散的许多独立的计算机系统连接在一起所形成的网络。

8. ABC 【解析】安全使用会计软件的基本要求有：①严格管理账套使用权限；②定期打印备份重要的账簿和报表数据；③严格管理软件版本升级。

9. BD 【解析】应用软件是在硬件和系统软件的支持下,为解决各类具体应用问题而编制的软件。

10. AD 【解析】Excel 属于应用软件，Windows 属于操作系统。

11. BD 【解析】文件型病毒通常感染扩展名为 .EXE、.COM 的文件。

12. ABC 【解析】计算机网络按其所覆盖范围的大小和计算机之间互联距离的不同，可分为局域网、城域网和广域网。

13. ACD 【解析】选项 B 属于系统软件。

14. ABD 【解析】键盘、鼠标是输入设备，显示器是输出设备，硬盘是辅助存储器。

15. BD 【解析】CPU 和内存构成计算机的主机，因此选 BD 选项。

16. ABD 【解析】在会计软件中，键盘一般用来完成会计数据或相关信息的输入工作；鼠标一般用来完成会计软件中的各种用户指令，选择会计软件各功能模块的功能菜单；扫描仪一般用来完成原始凭证和单据的扫描，并将扫描结果存入会计软件相关数据库中。

17. ABCD 【解析】硬件设备一般包括输入设备、处理设备、存储设备、输出设备和通信设备（网络电缆等）。

18. BD 【解析】硬盘、U 盘、光盘、RAM、ROM 均为存储设备；其中，RAM、ROM 是内存储器，硬盘、U 盘、光盘为外存储器。

19. ABC 【解析】常见的外存储器有硬盘、U 盘、光盘等。

20. CD 【解析】内存储器一般容量较小，但数据存取速度较快；外存储器一般存储容量较大，但数据存取速度较慢。

21. ABCD 【解析】电算化会计信息系统中常见的硬件结构通常有单机结构、多机松散结构、多用户结构和微机局域网络四种形式。

22. AD 【解析】微机局域网络通常分为客户机/服务器结构和浏览器/服务器结构两种结构，主要适用于大中型企业。

23. AB 【解析】微机局域网络通过网络接口卡、通信电缆连接许多中低档微机。

24. AC 【解析】客户机/服务器结构的优点在于技术成熟、响应速度快、适合处理大量数据；其缺点在于系统客户端软件安装维护的工作量大，且数据库的使用一般仅限于局域网的范围内。

25. AB 【解析】多用户结构终端由显示器和键盘组成。

26. BCD 【解析】A选项为多机松散机构的特点，说法错误。

27. BC 【解析】多机松散结构模式适用于输入量大的企业，B选项错误；数据共享程度高、一致性好是单机结构模式的优点，C选项错误。

28. CD 【解析】客户机/服务器结构模式下，服务器配备大容量存储器并安装数据库管理系统，负责会计数据的定义、存取、备份和恢复；客户端安装专用的会计软件，负责会计数据的输入、运算和输出。

29. ABD 【解析】浏览器/服务器结构模式下，服务器是实现会计软件功能的核心部分，其优点在于维护和升级方式简单，运行成本低；其缺点是应用服务器运行数据负荷较重。

30. BD 【解析】计算机软件分为系统软件和应用软件。

31. ABCD 【解析】系统软件通常包括操作系统、数据库管理系统、支撑软件和语言处理程序等。

32. ABD 【解析】操作系统具有对硬件直接监管、管理各种计算机资源以及提供面向应用程序的服务等功能。

33. AC 【解析】数据库具有数据冗余度小、可共享等特点。

34. ABC 【解析】目前常用的数据库管理系统有Oracle、Sybase、Visual FoxPro、Informix、SQL Server、Access等。

35. BCD 【解析】语言处理程序包括汇编程序、解释程序和编译程序等。

36. ABC 【解析】Windows 属于操作系统,Oracle 为数据管理系统,BASIC 语言为程序设计语言,Excel 为应用软件。

37. ACD 【解析】在确保计算机操作系统满足会计软件的运行要求,并安装完毕数据库管理软件和支撑软件后,技术支持人员方可开始安装会计软件,同时应考虑会计软件与数据库系统的兼容性。

38. AB 【解析】计算机网络可以分为局域网、城域网和广域网三类,C 选项错误;在计算机网络中,各种资源可以相互通用,用户可以共同使用网络中的软件、硬件和数据,D 选项错误。

39. ABC 【解析】对会计软件进行升级的原因主要有:因改错而升级版本;因功能改进和扩充而升级版本;因运行平台升级而升级版本。

40. ABCD 【解析】恶性病毒对计算机系统的破坏力更大,包括删除文件、破坏或盗取数据、格式化硬盘、使系统瘫痪等。

三、判断题(正确的请在题后括号中画"√",错误的请在题后括号中画"×"。不判断、判断错误的均不得分)

1. × 【解析】会计软件属于应用软件。

2. √

3. √

4. √

5. × 【解析】CPU 和内存储器构成计算机的主机,外部设备包括输入设备、输出设备和外存储器。

6. √

7. √

8. ×　【解析】系统软件是指用于对计算机资源的管理、监控和维护,以及对各类应用软件进行解释和运行的软件。系统软件是计算机系统必备的软件。

9. √

10. √

11. √

12. √

13. √

14. √

15. ×　【解析】使用杀毒软件并不能检查和清除所有的病毒。

16. ×　【解析】键盘一般用来完成会计数据或相关信息的输入工作。

17. ×　【解析】鼠标一般用来完成会计软件中的各种用户指令,选择会计软件各功能模块的功能菜单。

18. ×　【解析】扫描仪一般用来完成原始凭证和单据的扫描,并将扫描结果存入会计软件相关数据库中。

19. ×　【解析】内存储器一般容量较小,但数据存取速度较快。

20. √

21. √

22. √

23. ×　【解析】单机结构集中输入速度低,不能同时允许多个成员进行操作。

24. ×　【解析】多机松散结构各台微机不发生直接的数据联系。

25. √

26. ×　【解析】多机松散结构通过磁盘、光盘、U盘、移动硬盘等传送数据。

27. × 【解析】多用户结构又称为联机结构。

28. √

29. √

30. √

31. √

32. √

33. × 【解析】在检查并设置完操作系统后，技术支持人员需要安装数据库管理系统。

34. × 【解析】计算机网络的功能主要体现在资源共享、数据通信、分布处理三个方面。

35. √

36. √

37. × 【解析】经过对比审核，如果新版软件更能满足实际需要，企业应该对其进行升级。

38. × 【解析】计算机病毒的隐蔽性是指病毒未发作时不易被发现。

39. √

40. √

第三章 会计软件的应用

【考情分析】

本章主要介绍会计核算软件的应用流程、软件初始化工作、账务处理模块、固定资产管理模块、工资核算模块、应收应付管理模块等的基本操作。

本章内容是全书的重点,在考试中主要的考核形式为操作题,此外,在选择题与判断题中也会出现基本知识的考核。

【知识结构图示】

$$
\text{会计软件的应用}\begin{cases} \text{会计软件的应用流程}\begin{cases}\text{系统初始化}\\\text{日常处理}\\\text{期末处理}\\\text{数据管理}\end{cases}\\ \text{系统级初始化}\begin{cases}\text{创建账套并设置相关信息}\\\text{管理用户并设置权限}\\\text{设置系统公用基础信息}\end{cases}\\ \text{财务处理模块的应用}\begin{cases}\text{财务处理模块初始化工作}\\\text{财务处理模块日常处理}\\\text{财务处理模块期末处理}\end{cases}\\ \text{固定资产管理模块的应用}\begin{cases}\text{固定资产管理模块初始化工作}\\\text{固定资产管理模块日常处理}\\\text{固定资产管理模块期末处理}\end{cases}\\ \text{工资管理模块的应用}\begin{cases}\text{工资管理模块初始化工作}\\\text{工资管理模块日常处理}\\\text{工资管理模块期末处理}\end{cases}\\ \text{应收管理模块的应用}\begin{cases}\text{应收管理模块初始化工作}\\\text{应收管理模块日常处理}\\\text{应收管理模块期末处理}\end{cases}\\ \text{应付管理模块的应用}\begin{cases}\text{应付管理模块初始化工作}\\\text{应付管理模块日常处理}\\\text{应付管理模块期末处理}\end{cases}\\ \text{报表管理模块的应用}\begin{cases}\text{报表数据来源}\\\text{报表管理模块应用基本流程}\\\text{利用报表模板生成报表}\end{cases}\end{cases}
$$

【本章知识要点】

第一节 会计软件的应用流程

会计软件的应用流程一般包括系统初始化、日常处理和期末处理等环节。

一、系统初始化

(一)系统初始化的特点和作用

系统初始化是指系统首次使用时,根据企业的实际情况进行参数设置,并录入基础档案与初始数据的过程。

系统初始化是会计软件运行的基础。它将通用的会计软件转变为满足特定企业需要的系统,使手工环境下的会计核算和数据处理工作得以在计算机环境下延续和正常运行。

系统初始化在系统初次运行时一次性完成,但部分设置可以在系统使用后进行修改。系统初始化将对系统的后续运行产生重要影响,因此系统初始化工作必须完整且尽量满足企业的需求。

(二)系统初始化的内容

系统初始化的内容包括系统级初始化和模块级初始化。

【经典例题·判断】系统级初始化的内容包括系统级初始化、模块级初始化和账套初始化。( )

【答案】×

【解析】系统初始化的内容包括系统级初始化和模块级初始化。

1. 系统级初始化

系统级初始化是设置会计软件所公用的数据、参数和系统公用基础信息,其初始化的内容涉及多个模块的运行,不特定专属于某个模块。

系统级初始化内容主要包括:①创建账套并设置相关信息;②增加操作员并设置权限;③设置系统公用基础信息。

2．模块级初始化

模块级初始化是设置特定模块运行过程中所需要的参数、数据和本模块的基础信息，以保证模块按照企业的要求正常运行。

模块级初始化内容主要包括：①设置系统控制参数；②设置基础信息；③录入初始数据。

【经典例题·判断】模块级初始化的内容主要包括设置系统控制参数、设置基础信息和录入初始数据。（　　）

【答案】√

二、日常处理

（一）日常处理的含义

日常处理是指在每个会计期间内，企业日常运营过程中重复、频繁发生的业务处理过程。

（二）日常处理的特点

（1）日常业务频繁发生，需要输入的数据量大；

（2）日常业务在每个会计期间内重复发生，所涉及金额不尽相同。

三、期末处理

（一）期末处理的含义

期末处理是指在每个会计期间的期末所要完成的特定业务。

（二）期末处理的特点

（1）有较为固定的处理流程；

（2）业务可以由计算机自动完成。

四、数据管理

在会计软件应用的各个环节均应注意对数据的管理。

（一）数据备份

数据备份是指将会计软件的数据输出保存在其他存储介质上，

以备后续使用。数据备份主要包括账套备份、年度账备份等。

（二）数据还原

数据还原又称数据恢复，是指将备份的数据使用会计软件恢复到计算机硬盘上。它与数据备份是一个相反的过程。数据还原主要包括账套还原、年度账还原等。

第二节 系统级初始化

系统级初始化包括创建账套并设置相关信息、增加操作员并设置权限、设置系统公用基础信息等内容。

一、创建账套并设置相关信息

（一）创建账套

账套是指存放会计核算对象的所有会计业务数据文件的总称，账套中包含的文件有会计科目、记账凭证、会计账簿、会计报表等。一个账套只能保存一个会计核算对象的业务资料，这个核算对象可以是企业的一个分部，也可以是整个企业集团。

建立账套是指在会计软件中为企业建立一套符合核算要求的账簿体系。在同一会计软件中可以建立一个或多个账套。

（二）设置账套相关信息

建立账套时需要根据企业的具体情况和核算要求设置相关信息。账套信息主要包括账套号、企业名称、企业性质、会计期间、记账本位币等。

（三）账套参数的修改

账套建立后，企业可以根据业务需要对某些已经设定的参数内容进行修改。如果账套参数内容已被使用，进行修改可能会造成数据的紊乱，因此，对账套参数的修改应当谨慎。

【经典例题·操作】设置账套信息。

账套号：888

账套名称：北京兴业科技有限责任公司

账套路径：（默认）

启用会计期：2014年1月

操作步骤：

①执行"账套→建立"命令，打开"创建账套"对话框。

②输入账套信息。

账套号：888。账套名称：北京兴业科技有限责任公司。账套路径：（默认）。启用会计期：2014年1月。

③单击［下一步］按钮，进行单位信息设置。

二、管理用户并设置权限

（一）管理用户

用户是指有权登录系统，对会计软件进行操作的人员。管理用户主要是指将合法的用户增加到系统中，设置其用户名和初始密码或对不再使用系统的人员进行注销其登录系统的权限等操作。

（二）设置权限

在增加用户后，一般应该根据用户在企业核算工作中所担任的职务、分工来设置、修改其对各功能模块的操作权限。通过设置权限，用户不能进行没有权限的操作，也不能查看没有权限的数据。

【经典例题·判断】操作员及其权限在系统初始化时就要设置好，如果人员有相应调整，权限不可修改。（   ）

【答案】×

【解析】对操作员的权限进行修改可由系统管理员进行，或该操作员对应的账套主管进行修改。

三、设置系统公用基础信息

设置系统公用基础信息包括设置编码方案、基础档案、收付结算信息、凭证类别、外币和会计科目等。

(一) 设置编码方案

设置编码方案是指设置具体的编码规则,包括编码级次、各级编码长度及其含义。其目的在于方便企业对基础数据的编码进行分级管理。设置编码的对象包括部门、职员、客户、供应商、科目、存货分类、成本对象、结算方式和地区分类等。编码符号能唯一地确定被标识的对象。

【经典例题·操作】确定编码方案。

科目编码级次:4-2-2-2-2。

其他科目编码级次采用默认值。

操作步骤:

①修改分类编码方案。

科目编码级次:4-2-2-2-2。其他采用默认值。

②单击[确认]按钮,系统提示"分类编码方案已被修改,保存其修改内容吗?"

③单击[是]按钮,保存其修改。同时打开"数据精度定义"对话框。

(二) 设置基础档案

设置基础档案是后续进行具体核算、数据分类、汇总的基础,其内容一般包括设置企业部门档案、职员信息、往来单位信息、项目信息等。

1. 设置企业部门档案

设置企业部门档案一般包括输入部门编码、名称、属性、负责人、电话、传真等。其目的是方便会计数据按照部门进行分类汇总和会计核算。

【经典例题·操作】设置部门档案。

部门编码:1。部门名称:管理部。

操作步骤:

①执行"基础设置→机构设置→部门档案"命令,进入"部门档案"窗口。

②单击[增加]按钮。

③输入数据。

部门编码:1。部门名称:管理部。

④单击[保存]按钮。

2. 设置职员信息

设置职员信息一般包括输入职员编号、姓名、性别、所属部门、身份证号等,其目的在于方便进行个人往来核算和管理等操作。

【经典例题·操作】设置职员信息。

职员编号:101。职员名称:李大。所属部门:管理部。

操作步骤:

①执行"基础设置→机构设置→职员档案"命令,进入"职员档案"窗口。

②单击[增加]按钮。

③输入数据。

职员编码:101。职员名称:李大。所属部门:管理部。

④单击[退出]按钮。

【提示】输入一行职员档案信息,必须敲回车键换行才能保存。

3. 设置往来单位信息

往来单位包括客户与供应商。

设置客户信息是指对与企业有业务往来核算关系的客户进行分类并设置其基本信息,一般包括输入客户编码、分类、名称、开户银行、联系方式等。其目的是方便企业录入、统计和分析客户数据与业务数据。设置供应商信息是指对与企业有业务往来核算关系的供应商进行分类并设置其基本信息,一般包括输入供应商编码、分类、名称、开户银行、联系方式等。其目的是方便企业对采购、库存、应付账款等进行管理。

4．设置项目信息

项目是指一个特定的核算对象或成本归集对象。企业需要对涉及该项目的所有收入、费用、支出进行专项核算和管理。设置项目信息，一般包括定义核算项目，建立项目档案，输入其名称、代码等。

（三）设置收付结算方式

设置收付结算方式一般包括设置结算方式编码、结算方式名称等。其目的是建立和管理企业在经营活动中所涉及的货币结算方式，方便银行对账、票据管理和结算票据的使用。

【经典例题·操作】设置结算方式。

结算方式编码：1

结算方式名称：支票

票据管理：否

操作步骤：

①执行"基础设置→收付结算→结算方式"命令，打开"结算方式"窗口。

②单击［增加］按钮。

③输入数据。

④单击［保存］按钮。

（四）设置凭证类别

设置凭证类别是指对记账凭证进行分类编制。用户可以按照企业的需求选择或自定义凭证类别。

凭证类别设置完后，用户应该设置凭证类别限制条件和限制科目，两者组成凭证类别校验的标准，供系统对录入的记账凭证进行输入校验，以便检查录入的凭证信息和选择的凭证类别是否相符。

在会计软件中,系统通常提供的限制条件包括借方必有、贷方必有、凭证必有、凭证必无、无限制等。

凭证类别的限制科目是指限制该凭证类别所包含的科目。

在记账凭证录入时,如果录入的记账凭证不符合用户设置的限制条件或限制科目,则系统会提示错误,要求修改,直至符合为止。

(五)设置外币

设置外币是指当企业有外币核算业务时,设置所使用的外币币种、核算方法和具体汇率。用户可以增加、删除币别。通常在设置外币时,需要输入币符、币名、固定汇率或浮动汇率、记账汇率和折算方式等信息。

【经典例题·操作】设置外币。

币符:USD。币名:美元。固定汇率1:6.3。

操作步骤:

①执行"基础设置→财务→外币种类"命令,打开"外币设置"窗口。

②输入数据。币符:USD。币名:美元。

③单击[确认]按钮。

④在"2014年1月的记账汇率"栏中输入6.3,敲回车键确认。

(六)设置会计科目

设置会计科目就是将企业进行会计核算所需要使用的会计科目录入系统中,并按照企业核算要求和业务要求,对每个科目的核算属性进行设置。设置会计科目是填制会计凭证、记账、编制报表等各项工作的基础。

1. 增加、修改或删除会计科目

系统通常会提供预置的会计科目。用户可以直接引入系统提供的预置会计科目,在此基础上根据需要,增加、修改、删除会计科目。如果企业所使用的会计科目与预置的会计科目相差较多,用户也可以根据需要自行设置全部会计科目。

增加会计科目时,应遵循先设置上级会计科目,再设置下级会计科目的顺序。会计科目编码、会计科目名称不能为空。增加的会计科目编码必须遵循会计科目编码方案。

删除会计科目时,必须先从末级会计科目删除。删除的会计科目不能为已经使用的会计科目。

【经典例题·操作】修改会计科目。修改"银行存款——工行存款(100201)"会计科目。

操作步骤:

①在"会计科目"窗口中,单击要修改的会计科目"100201工行存款"。

②单击[修改]按钮或双击该科目,进入"会计科目—修改"窗口。

③单击[修改]按钮。

④选中"日记账"和"银行账"复选框。

⑤单击[确定]按钮。

2.设置科目属性

(1)会计科目编码。会计科目编码按照会计科目编码规则进行。在对会计科目编码时,一般应遵守唯一性、统一性和扩展性原则。

(2)会计科目名称。从会计软件的要求来看,企业所使用的会计科目的名称可以是汉字、英文字母、数字等符号,但不能为空。

(3)会计科目类型。按照国家统一的会计准则制度要求,会计科目按其性质划分为资产类、负债类、共同类、所有者权益类、成本类和损益类共六种类型。用户可以选择一级会计科目所属的科目类型。如果增加的是二级或其以下会计科目,则系统将自动与其一级会计科目类型保持一致,用户不能更改。

(4)账页格式。用于定义该会计科目在账簿打印时的默认打印格式。一般可以分为普通三栏式、数量金额式、外币金额式等格式。当会计科目有数量核算时,账簿格式设置为"数量金额式";当会计科目有外币核算要求时,账簿格式设置为"外币金额式"。

(5)外币核算。用于设定该会计科目核算是否有外币核算。

(6)数量核算。用于设定该会计科目是否有数量核算。如果有数量核算,则需设定数量计量单位。

(7)余额方向。用于定义该会计科目余额默认的方向。一般情况下,资产类、成本类、费用类会计科目的余额方向为借方,负债类、权益类、收入类会计科目的余额方向为贷方。

(8)辅助核算性质。用于设置会计科目是否有辅助核算。辅助核算的目的是实现对会计数据的多元分类核算,为企业提供多样化的信息。辅助核算一般包括部门核算、个人往来核算、客户往来核算、供应商往来核算、项目核算等。辅助核算一般设置在末级科目上。某一会计科目可以同时设置多种相容的辅助核算。

(9)日记账和银行账。用于设置会计科目是否有日记账、银行账核算要求。

第三节 账务处理模块的应用

一、账务处理模块初始化工作

(一)设置控制参数

在会计软件运行之前,企业应该根据国家统一的会计准则制度和内部控制制度来选择相应的运行控制参数,以符合企业核算的要求。在账务处理模块中,常见的参数设置包括:凭证编号方式、是否允许操作人员修改他人凭证、凭证是否必须输入结算方式和结算号、现金流量科目是否必须输入现金流量项目、出纳凭证是否必须经过出纳签字、是否对资金及往来科目实行赤字提示等。

（二）录入会计科目初始数据

会计科目初始数据录入是指第一次使用账务处理模块时，用户需要在开始日常核算工作前将会计科目的初始余额以及发生额等相关数据输入到系统中。

1．录入会计科目期初余额

在系统中一般只需要对末级科目录入期初余额，系统会根据下级会计科目自动汇总生成上级会计科目的期初余额。如果会计科目设置了数量核算，用户还应该输入相应的数量和单价；如果会计科目设置了外币核算，用户应该先录入本币余额，再录入外币余额；如果会计科目设置了辅助核算，用户应该从辅助账录入期初明细数据，系统会自动汇总并生成会计科目的期初余额。

在期初余额录入完毕后，用户应该进行试算平衡，以检查期初余额的录入是否正确。一般情况下，由于初始化的工作量较大，在日常业务发生时可能初始化工作仍然没有完成，因此即使试算报告提示有误，仍可以输入记账凭证，但是不能记账。

2．录入会计科目本年累计发生额

用户如在会计年度初建账，只需将各个会计科目的期初余额录入到系统中即可；用户如在会计年度中建账，则除了需要录入启用月份的月初余额外，还需录入本年度各会计科目截止到上月份的累计发生额。系统一般能根据本月月初数和本年度截止到上月份的借、贷方累计发生数，自动计算出本会计年度各会计科目的年初余额。

二、账务处理模块日常处理

（一）凭证管理

1．凭证录入

（1）凭证录入的内容。凭证录入的内容包括凭证类别、凭证编号、制单日期、附件张数、摘要、会计科目、发生金额、制单人等。用户应该确保凭证录入的完整、准确。另外,对于系统初始设置时已经设置为辅助核算的会计科目,在填制凭证时,系统会弹出相应的窗口,要求根据科目属性录入相应的辅助信息;对于设置为外币核算的会计科目,系统会要求输入外币金额和汇率;对于设置为数量核算的会计科目,系统会要求输入该会计科目发生的数量和交易的单价。

(2) 凭证录入的输入校验。在凭证实时校验时,系统会对凭证内容的合法性进行校验。校验的内容包括:

①会计科目是否存在,即会计科目是否是初始化时设置的会计科目;

②会计科目是否为末级科目;

③会计科目是否符合凭证的类别限制条件;

④发生额是否满足"有借必有贷,借贷必相等"的记账凭证要求;

⑤凭证必填内容是否填写完整;

⑥手工填制凭证号的情况下还需校验凭证号的合理性。

2. 凭证修改

(1) 凭证修改的内容。凭证可以修改的内容一般包括摘要、科目、金额及方向等。凭证类别、编号不能修改,制单日期的修改也会受到限制。在对凭证进行修改后,系统仍然会按照凭证录入时的校验标准来对凭证内容进行检查,只有满足了校验条件后,才能进行保存。

(2) 凭证修改的操作控制

①修改未审核或审核标错的凭证。对未审核的凭证或审核标错的凭证,可以由填制人直接进行修改并保存。审核标错的凭证在修改正确后,出错的标记将会消失。

②修改已审核而未记账的凭证。经过审核人员审核,并已签章而未记账的凭证,如果存在错误需要修改,应该由审核人员首先在审核模块中取消对该凭证的审核标志,使凭证恢复到未审核状态,然后再由制单人员对凭证进行修改。

③修改已经记账的凭证。会计软件应当提供不可逆的记账功能,确保对同类已记账凭证的连续编号,不得提供对已记账凭证的删除和插入功能,不得提供对已记账凭证日期、金额、会计科目和操作人的修改功能。

④修改他人制作的凭证。如果需要修改他人制作的凭证,在账务处理模块参数设置中需要勾选允许修改他人凭证的选项,修改后凭证的制单人将显示为修改凭证的操作人员。如果参数设置中选择不允许修改他人凭证,该功能将不能被执行。

3. 凭证审核

(1)凭证审核功能。审核凭证是指审核人员按照国家统一会计准则制度规定,对于完成制单的记账凭证的正确性、合规合法性等进行检查核对,审核记账凭证的内容、金额是否与原始凭证相符,记账凭证的编制是否符合规定,所附单据是否真实、完整等。

(2)凭证审核的操作控制

①审核人员和制单人员不能是同一人;

②审核凭证只能由具有审核权限的人员进行;

③已经通过审核的凭证不能被修改或者删除,如果要修改或删除,需要审核人员取消审核签字后,才能进行;

④审核未通过的凭证必须进行修改,并通过审核后方可被记账。

【经典例题·单选】在账务系统中,只要有凭证审核权,就可以审核(   )。

A. 自己输入的凭证   B. 任何人输入的凭证

C. 自己以外其他人输入的凭证　D. 以上选项都不对

【答案】C

【解析】在账务系统中,有凭证审核权,可以审核自己以外其他人输入的凭证。

4．凭证记账

(1) 记账功能。在会计软件中,记账是指由具有记账权限的人员,通过记账功能发出指令,由计算机按照会计软件预先设计的记账程序自动进行合法性校验、科目汇总、登记账目等操作。

(2) 记账的操作控制

①期初余额不平衡,不能记账;

②上月未结账,本月不可记账;

③未被审核的凭证不能记账;

④一个月可以一天记一次账,也可以一天记多次账,还可以多天记一次账;

⑤记账过程中,不应人为终止记账。

5．凭证查询

在会计业务处理过程中,用户可以查询符合条件的凭证,以便随时了解经济业务发生的情况。

(二) 出纳管理

出纳主要负责现金和银行存款的管理。出纳管理的主要工作包括:现金日记账、银行存款日记账和资金日报表的管理,支票管理,进行银行对账并输出银行存款余额调节表。

1．现金日记账、银行存款日记账及资金日报表的管理

出纳对现金日记账和银行存款日记账的管理包括查询和输出现金及银行存款日记账。

资金日报表以日为单位,列示现金、银行存款科目当日累计借方发生额和贷方发生额,计算出当日的余额,并累计当日发生的业

务笔数，对每日的资金收支业务、金额进行详细汇报。出纳对资金日报表的管理包括查询、输出或打印资金日报表，提供当日借、贷金额合计和余额，以及发生的业务量等信息。

2．支票管理

支票管理功能主要包括支票的购置、领用和报销。

（1）支票购置。支票购置是指对从银行新购置的空白支票进行登记操作。登记的内容包括购置支票的银行账号、购置支票的支票规则、购置的支票类型、购置日期等。

（2）支票领用。支票领用时应登记详细的领用记录，包括领用部门、领用人信息、领用日期、支票用途、支票金额、支票号、备注等。

（3）支票报销。对已领用的支票，在支付业务处理完毕后，应进行报销处理。会计人员应填制相关记账凭证，并填入待报销支票的相关信息，包括支票号、结算方式、签发日期、收款人名称、付款金额等。

3．银行对账

银行对账是指在每月月末，企业的出纳人员将企业的银行存款日记账与开户银行发来的当月银行存款对账单进行逐笔核对，勾对已达账项，找出未达账项，并编制每月银行存款余额调节表的过程。

会计软件中执行银行对账功能，具体步骤包括：银行对账初始数据录入、本月银行对账单录入、对账、银行存款余额调节表的编制等。

（1）银行对账初始数据录入。在首次启用银行对账功能时，需要事先录入账务处理模块启用日期前的银行和企业账户余额及未达账项，即银行对账的初始数据。从启用月份开始，上月对账的未达账项将自动加入到以后月份的对账过程中。

(2) 银行对账单录入。对账前，必须将银行对账单的内容录入到系统中。录入的对账单内容一般包括入账日期、结算方式、结算单据字号、借方发生额、贷方发生额，余额由系统自动计算。

(3) 对账。在会计电算化环境下，系统提供自动对账功能，即系统根据用户设置的对账条件进行逐笔检查，对达到对账标准的记录进行勾对，未勾对的即为未达账项。

系统进行自动对账的条件一般包括：业务发生的日期、结算方式、结算票号、发生金额相同等。其中，发生金额相同是对账的基本条件，对于其他条件，用户可以根据需要自定义选择。

除了自动对账外，系统一般还提供手工对账功能。特殊情况下，有些已达账项通过设置的对账条件系统无法识别，这就需要出纳人员通过人工识别进行勾对。

(4) 余额调节表的编制。对账完成后，系统根据本期期末的银行存款日记账的余额、银行对账单的余额对未达账项进行调整，自动生成银行存款余额调节表。调整后，银行存款日记账和银行对账单的余额应该相等。用户可以在系统中查询余额调节表，但不能对其进行修改。

（三）账簿查询

1. 科目账查询

（1）总账查询。用于查询各总账科目的年初余额、各月期初余额、发生额合计和期末余额。总账查询可以根据需要设置查询条件，如会计科目代码、会计科目范围、会计科目级次、是否包含未记账凭证等。在总账查询窗口下，系统一般允许联查当前会计科目当前月份的明细账。

执行［总账→账簿查询］→［总账］命令。

①科目范围。可输入起止科目范围，科目范围为空时，系统默认为是所有科目。

②科目级次。如将科目级次输入为1-1，则只查一级科目；如将科目级次输入为1-3，则查一至三级科目。如果需要查所有末级科目，则用鼠标选择"末级科目"即可。

若想查询包含未记账凭证的总账，用鼠标选择"包含未记账凭证"即可。

(2) 明细账查询。用于查询各账户的明细发生情况，用户可以设置多种查询条件查询明细账，包括会计科目范围、查询月份、会计科目代码、是否包括未记账凭证等。在明细账查询窗口下，系统一般允许联查所选明细事项的记账凭证及联查总账。

(3) 余额表。用于查询统计各级会计科目的期初余额、本期发生额、累计发生额和期末余额等。用户可以设置多种查询条件。利用余额表可以查询和输出总账科目、明细科目在某一时期内的期初余额、本期发生额、累计发生额和期末余额；可以查询和输出某会计科目范围在某一时期内的期初余额、本期发生额、累计发生额和期末余额；可以查询和输出包含未记账凭证在内的最新发生额及期初余额和期末余额。

(4) 多栏账。多栏账即多栏式明细账，用户可以预先设计企业需要的多栏式明细账，然后按照明细科目保存为不同名称的多栏账。查询多栏账时，用户可以设置多种查询条件，包括多栏账名称、月份、是否包含未记账凭证等。

(5) 日记账。用于查询除现金日记账、银行日记账之外的其他日记账。用户可以查询输出某日所有会计科目（不包括现金、银行存款会计科目）的发生额及余额情况。用户可以设置多种查询条件，包括查询日期、会计科目级次、会计科目代码、币别、是否包含未记账凭证等。

2．辅助账查询

辅助账查询一般包括客户往来、供应商往来、个人往来、部门核算、项目核算的辅助总账、辅助明细账查询。在会计科目设置时，如果某一会计科目设置多个辅助核算，则在输出时会提供多种辅助账簿信息。

【经典例题·判断】利用余额表可以查询统计各级会计科目的期初余额、本期发生额、累计发生额和期末余额等。（　　）

【答案】√

三、账务处理模块期末处理

账务处理模块的期末处理是指会计人员在每个会计期间的期末所要完成的特定业务，主要包括会计期末的转账、对账、结账等。

（一）自动转账

自动转账是指对于期末那些摘要、借贷方会计科目固定不变，发生金额的来源或计算方法基本相同，相应凭证处理基本固定的会计业务，将其既定模式事先录入并保存到系统中，在需要的时候，让系统按照既定模式，根据对应会计期间的数据自动生成相应的记账凭证。自动转账的目的在于减少工作量，避免会计人员重复录入此类凭证，提高记账凭证录入的速度和准确度。

1. 自动转账的步骤

（1）自动转账定义。自动转账定义是指对需要系统自动生成凭证的相关内容进行定义。在系统中事先进行自动转账定义，设置的内容一般包括：编号、凭证类别、摘要、发生会计科目、辅助项目、发生方向、发生额计算公式等。

（2）自动转账生成。自动转账生成是指在自动转账定义完成后，用户每月月末只需要执行转账生成功能，即可快速生成转账凭证，并被保存到未记账凭证中。

用户应该按期末结转的顺序来执行自动转账生成功能。此外，在自动转账生成前，应该将本会计期间的全部经济业务填制记账凭证,并将所有未记账凭证审核记账。

保存系统自动生成的转账凭证时,系统同样会对凭证进行校验,只有通过了系统校验的凭证才能进行保存。生成后的转账凭证将被保存到记账凭证文件中,制单人为执行自动转账生成的操作员。自动生成的转账凭证同样要进行后续的审核、记账。

2. 常用的自动转账功能

(1) 自定义转账。自定义转账包括自定义转账定义和自定义转账生成。自定义转账定义允许用户通过自动转账功能自定义凭证的所有内容,然后用户可以在此基础上执行转账生成。

(2) 期间损益结转。期间损益结转包括期间损益定义和期间损益生成。期间损益结转用于在一个会计期间结束时,将损益类科目的余额结转到本年利润科目中,从而及时反映企业利润的盈亏情况。

用户应该将所有未记账凭证审核记账后,再进行期间损益结转。在操作时需要设置凭证类别,一般凭证类别为转账凭证。执行此功能后,一般系统能够自动搜索和识别需要进行损益结转的所有科目(即损益类科目),并将它们的期末余额(即发生净额)转到本年利润科目中。

【经典例题·单选】期间损益结转一般用在(   )。

A. 年末   B. 一个会计期间结束时

C. 月末   D. 任何时候都可以

【答案】B

【解析】期间损益结转用于一个会计期间结束时。

(二) 对账

对账是指为保证账簿记录正确可靠,对账簿数据进行检查核对。对账主要包括总账和明细账、总账和辅助账、明细账和辅助账的核对。为了保证账证相符、账账相符,用户应该经常进行对账,至少一个月一次，一般可在月末结账前进行。只有对账正确，才能进行结账操作。

【经典例题·单选】用户应当（　　）对账。

A. 至多一个月一次　　　　B. 至少一个月一次

C. 几个月一次　　　　　　D. 每年一次

【答案】B

【解析】用户应该经常进行对账，至少一个月一次，一般可在月末结账前进行。

（三）月末结账

1. 月末结账功能

结账主要包括计算和结转各账簿的本期发生额和期末余额，终止本期的账务处理工作，并将会计科目余额结转至下月作为月初余额。结账每个月只能进行一次。

2. 月末结账操作的控制

结账工作必须在本月的核算工作都已完成，系统中数据状态正确的情况下才能进行。因此，结账工作执行时，系统会检查相关工作的完成情况，主要包括：

（1）检查本月记账凭证是否已经全部记账，如有未记账凭证，则不能结账；

（2）检查上月是否已经结账，如上月未结账，则本月不能结账；

（3）检查总账与明细账、总账与辅助账是否对账正确，如果对账不正确则不能结账；

（4）对会计科目余额进行试算平衡，如试算不平衡将不能结账；

（5）检查损益类账户是否已经结转到本年利润，如损益类科目还有余额，则不能结账；

(6)当其他各模块也已经启用时,账务处理模块必须在其他各模块都结账后,才能结账。

结账只能由具有结账权限的人进行。在结账前,最好进行数据备份,一旦结账后发现业务处理有误,可以利用备份数据恢复到结账前的状态。

【经典例题·单选】如果有未记账的当月凭证,系统将不能( )。

A. 修改该凭证　　　　　　B. 审核该凭证
C. 结账　　　　　　　　　D. 输出账簿

【答案】C

【解析】当月凭证有未记账的不能结账。

第四节　固定资产管理模块的应用

一、固定资产管理模块初始化工作

(一)设置控制参数

1. 设置启用会计期间

启用会计期间是指固定资产管理模块开始使用的时间。固定资产管理模块的启用会计期间不得早于系统中该账套建立的期间。设置启用会计期间在第一次进入固定资产管理模块时进行。

2. 设置折旧相关内容

设置折旧相关内容一般包括:是否计提折旧、折旧率小数位数等。

如果确定不计提折旧,则不能操作账套内与折旧有关的功能。

3. 设置固定资产编码

固定资产编码是区分每一项固定资产的唯一标识。

【经典例题·单选】固定资产编码是区分每一项固定资产的唯一标识,采用自动编码时,系统默认采用( )的形式。

A. 类别编号 B. 序号
C. 类别编号+序号 D. 序号+类别编号

【答案】C

【解析】固定资产编码若采用系统自动编码,则采用类别编号+序号的形式。

(二)设置基础信息

1. 设置折旧对应科目

折旧对应科目是指折旧费用的入账科目,资产计提折旧后必须设定折旧数据应归入哪个成本或费用科目。根据固定资产的使用状况,某一部门内的固定资产的折旧费用可以归集到一个比较固定的会计科目,便于系统根据部门生成折旧凭证。

2. 设置增减方式

企业固定资产增加或减少的具体方式不同,其固定资产的确认和计量方法也不同。记录和汇总固定资产具体增减方式的数据也是为了满足企业加强固定资产管理的需要。

固定资产增加的方式主要有:直接购买、投资者投入、捐赠、盘盈、在建工程转入、融资租入等。

固定资产减少的方式主要有:出售、盘亏、投资转出、捐赠转出、报废、毁损、融资租出等。

3. 设置使用状况

企业需要明确固定资产的使用状况,加强固定资产的核算和管理。同时,不同使用状况的固定资产折旧计提处理也有区别,需要根据使用状况设置相应的折旧规则。

固定资产使用状况包括:在用、经营性出租、大修理停用、季节性停用、不需要和未使用。

4. 设置折旧方法

设置折旧方法是系统自动计算折旧的基础。折旧方法通常包括：不提折旧、平均年限法、工作量法、年数总和法和双倍余额递减法等。系统一般会列出每种折旧方法的默认折旧计算公式，企业也可以根据需要，定义适合自己的折旧方法的名称和计算公式。

5．设置固定资产类别

固定资产种类繁多，规格不一，需建立科学的固定资产分类体系。为强化固定资产管理，企业可根据自身的特点和管理方法，确定一个较为合理的固定资产分类方法。

【经典例题·操作】按以下资料设置资产类别。

编码	类别名称	净残值率	计提属性
01	交通运输设备	5%	正常计提
02	电子设备	5%	正常计提

操作步骤：

①执行菜单"固定资产→设置→资产类别"，进入"类别编码表"窗口。

②单击"单张视图"选项卡。

③单击［增加］按钮。

④输入类别名称"交通运输设备"，净残值率"5%"；选择计提属性"正常计提"，折旧方法"平均年限法（一）"，卡片样式"通用样式"。

⑤单击［保存］按钮。

⑥同理，根据资料完成其他资产类别的设置。

（三）录入原始卡片

固定资产卡片是固定资产核算和管理的数据基础。在初始使用固定资产模块时，应该录入当期期初（即为上期期末）的固定资产数据，作为后续固定资产核算和管理的起始基础。固定资产卡片记录每项固定资产的详细信息，一般包括：固定资产编号、名称、类别、规格型号、使用部门、增加方式、使用状况、预计使用年限、净残值率、折旧方法、开始使用日期、原值、累计折旧等。

【经典例题·操作】输入固定资产原始卡片。

固定资产名称	类别编号	所在部门	增加方式	可使用年限	开始使用日期	原值	累计折旧	对应折旧科目名称
桑塔纳轿车	01	销售部	直接购入	10	2013.01.01	120 000	28 000	管理费用/其他
金杯小客车	01	管理部	直接购入	10	2013.01.01	100 000	15 000	营业费用
微机	01	财务部	直接购入	5	2013.01.01	8 000	2 000	管理费用/其他
合计						228 000	45 000	

操作步骤：

①执行菜单"固定资产→卡片→录入原始卡片"命令，进入"资产类别参考"窗口。

②选择固定资产类别"01 交通运输设备"。

③单击［确认］按钮，进入"固定资产卡片录入"窗口。

④输入固定资产名称"桑塔纳轿车"；双击部门名称选择"销售部"，双击增加方式选择"直接购入"，双击使用状况选择"在用"；输入开始使用日期"2013.01.01"；输入原值"120 000"，累计折旧"28 000"；输入可使用年限"10 年"；其他信息自动算出。

⑤单击［保存］按钮，弹出"数据成功保存"信息提示框。

⑥单击［确定］按钮。

⑦同理，根据资料完成其他固定资产卡片的输入。

二、固定资产管理模块日常处理

企业日常运营中，会发生固定资产相关业务，一般包括固定资产增加、减少、固定资产变动等。在每个会计期间，用户可在固定资产管理模块中对相关日常业务进行管理和核算。

（一）固定资产增加

固定资产增加是指企业购进或通过其他方式增加固定资产，应为增加的固定资产建立一张固定资产卡片,录入增加的固定资产的相关信息、数据。

(二) 固定资产减少

固定资产减少业务的核算不是直接减少固定资产的价值,而是输入资产减少卡片,说明减少原因,记录业务的具体信息和过程,保留审计线索。

(三) 固定资产变动

固定资产变动业务包括价值信息变更和非价值信息变更两部分内容。

1．价值信息变更

(1) 固定资产原值变动。固定资产使用过程中,其原值变动的原因一般包括:根据国家规定,对固定资产重新估价;增加补充设备或改良设备;将固定资产的一部分拆除;根据实际价值调整原来的暂估价值;发现原记录固定资产的价值有误等几种情况。

(2) 折旧要素的变更。折旧要素的变更包括使用年限调整、折旧方法调整、净残值(率)调整、累计折旧调整等。

2．非价值信息变更

固定资产非价值信息变更包括固定资产的使用部门变动、使用状况变动、存放地点变动等。

(四) 生成记账凭证

设置固定资产凭证处理选项之后,固定资产管理模块对于需要填制记账凭证的业务能够自动完成记账凭证填制工作,并传递给账务处理模块。

三、固定资产管理模块期末处理

(一) 计提折旧

固定资产管理模块提供自动计提折旧的功能。初次录入固定资产原始卡片时，应将固定资产的原值、使用年限、残值（率）以及折旧计提方法等相关信息录入系统。在期末，系统利用自动计提折旧功能，对各项固定资产按照定义的折旧方法计提折旧，并将当期的折旧额自动累计到每项资产的累计折旧项目中，并减少固定资产账面价值。然后，系统将计提的折旧金额依据每项固定资产的用途归属到对应的成本、费用项目中，生成折旧分配表，并以此为依据，制作相应的记账凭证，并传递给账务处理模块。

系统还可以提供折旧清单，显示所有应计提折旧的资产已计提折旧的信息。

（二）对账

固定资产管理模块对账功能主要是指与账务处理模块进行对账。对账工作主要是为了保证固定资产管理模块的资产价值、折旧、减值准备等与账务处理模块中对应科目的金额相一致。

（三）月末结账

用户在固定资产管理模块中完成本月全部业务和生成记账凭证并对账正确后，可以进行月末结账。

【经典例题·单选】在固定资产管理系统中（　　）可以进行月末结账。

A. 完成本月全部业务　　　B. 对账正确
C. 生成记账凭证　　　　　D. 以上都对

【答案】D

【解析】用户在固定资产管理模块中完成本月全部业务和生成记账凭证并对账正确后，可以进行月末结账。

（四）相关数据查询

固定资产管理模块提供账表查询功能，用户可以对固定资产相关信息按照不同标准进行分类、汇总、分析和输出，以满足各方面管理决策的需要。

第五节 工资管理模块的应用

一、工资管理模块初始化工作

（一）设置基础信息

1．设置工资类别

工资类别用于对工资核算范围进行分类。企业一般可按人员、部门或时间等设置多个工资类别。

2．设置工资项目

设置工资项目是计算工资的基础，包括工资项目名称、类型、数据长度、小数位数等。

3．设置工资项目计算公式

设置工资项目计算公式是指企业根据其财务制度，设置某一工资类别下的工资计算公式。

4．设置工资类别所对应的部门

设置工资类别所对应的部门后，可以按部门核算各类人员工资，提供部门核算资料。

5．设置所得税

为了计算与申报个人所得税，需要对个人所得税进行相应的设置。设置内容具体包括：基本扣减额、所得项目、累进税率表等。

6．设置工资费用分摊

企业在月内发放的工资，不仅要按工资用途进行分配，而且需要按工资一定比例计提某些费用，为此系统提供设置计提费用种类和设置相应科目的功能。

（二）录入工资基础数据

第一次使用工资管理模块必须将所有人员的基本工资数据录入计算机。

由于工资数据具有来源分散等特点，工资管理模块一般提供以

下数据输入方式:

(1) 单个记录录入。选定某一特定员工,输入或修改其工资数据。

(2) 成组数据录入。先将工资项目分组,然后按组输入。

(3) 按条件成批替换。对符合条件的某些工资项,统一替换为一个相同的数据。

(4) 公式计算。适用于有确定取数关系的数据项。

(5) 从外部直接导入数据。指通过数据接口将工资数据从车间、人事、后勤等外部系统导入工资管理模块。

【经典例题·单选】如果对所有人员和辅助生产人员将副食补助增加到200元,则应该采用的数据录入方式是( )。

A. 成组数据录入　　　　　　B. 按条件成批替换

C. 单个记录录入　　　　　　D. 从外部直接导入数据

【答案】B

【解析】对符合条件的某些工资项,统一替换为一个相同的数据。本题适用于此种情况。

二、工资管理模块日常处理

(一) 工资计算

1. 工资变动数据录入

工资变动是指对工资可变项目的具体数额进行修改,以及对个人的工资数据进行修改、增删。工资变动数据录入是指输入某个期间内工资项目中相对变动的数据,如奖金、请假扣款等。

2. 工资数据计算

工资数据计算是指按照所设置的公式计算每位员工的工资数据。

(二) 个人所得税计算

工资管理模块提供个人所得税自动计算功能,用户可以根据政策的调整,定义最新的个人所得税税率表,系统可以自动计算个人所得税。

(三) 工资分摊

工资分摊是指对当月发生的工资费用进行工资总额的计算、分配及各种经费的计提,并自动生成转账凭证传递到账务处理模块。工资费用分摊项目一般包括应付工资、应付福利费、职工教育经费、工会经费、各类保险等。

(四) 生成记账凭证

根据工资费用分摊的结果及设置的借贷科目,生成记账凭证并传递到账务处理模块。

三、工资管理模块期末处理

(一) 期末结账

在当期工资数据处理完毕后,需要通过期末结账功能进入下一个期间。系统可以对不同的工资类别分别进行期末结账。

(二) 工资表的查询输出

工资数据处理结果最终通过工资报表的形式反映。工资管理模块提供了主要的工资报表,报表的格式由会计软件提供,如果对报表提供的固定格式不满意,用户也可以自行设计。

1. 工资表

工资表主要用于对本月工资发放和统计,包括工资发放表、工资汇总表等。用户可以对系统提供的工资表进行修改,使报表格式更符合企业的需要。

2. 工资分析表

工资分析表是以工资数据为基础,对按部门、人员等方式分类的工资数据进行分析和比较,产生各种分析表,供决策人员使用。

【经典例题·单选】工资分析表是以( )为基础,对按部门、人员等方式分类的工资数据进行分析和比较,产生各种分析表,供决策人员使用。

A. 工资数据 B. 工资项目
C. 个人所得税 D. 工资类别

【答案】A

【解析】工资分析表是以工资数据为基础,对按部门、人员等方式分类的工资数据进行分析和比较,产生各种分析表,供决策人员使用。

第六节 应收管理模块的应用

一、应收管理模块初始化工作

（一）控制参数和基础信息的设置

1．控制参数的设置

（1）基本信息的设置。主要包括企业名称、银行账号、启用年份与会计期间设置。

（2）坏账处理方式设置。企业应当按期估计坏账损失,计提坏账准备;当某一应收款项全部确认为坏账时,应根据其金额冲减坏账准备,同时转销相应的应收款项金额。

在账套使用过程中,如果当年已经计提过坏账准备,则坏账处理方式这一参数不能更改;如确实需要更改的,只能在下一年修改。

（3）应收款核销方式的设置。应收款核销是确定收款与销售发票、应收单据之间对应关系的操作,即指明每一次收款是哪几笔销售业务款项。应收管理模块一般提供按单据、按存货等核销方式。

（4）规则选项。应收管理模块的规则选项一般包括：核销是否自动生成凭证、预收冲应收是否生成转账凭证等。

2．基础信息的设置

（1）设置会计科目。设置会计科目是指定义应收管理模块凭证制单所需的基本科目。

（2）设置对应科目的结算方式。设置对应科目的结算方式即设置对应科目的收款方式，主要包括现金、支票、汇票等。

（3）设置账龄区间。设置账龄区间是指为进行应收账款账龄分析，根据欠款时间，将应收账款划分为若干等级，以便掌握客户欠款时间的长短。

【经典例题·单选】设置账龄区间是指为进行（　　）账龄分析，根据欠款时间，将应收账款划分为若干等级，以便掌握客户欠款时间的长短。

A. 应付账款　　　　　　　B. 应收款项

C. 其他应收款　　　　　　D. 预付账款

【答案】B

【解析】设置账龄区间是指为进行应收账款账龄分析，根据欠款时间，将应收账款划分为若干等级，以便掌握客户欠款时间的长短。

（二）期初余额录入

初次使用应收管理模块时，要将系统启用前未处理完的所有客户的应收账款、预收账款、应收票据等数据录入到系统，以便以后的核销处理。一般包括初始单据、初始票据、初始坏账的录入。

当第二年度处理时，应收管理模块自动将上年未处理完的单据转为下一年的期初余额。

二、应收管理模块日常处理

（一）应收处理

1. 单据处理

（1）应收单据处理。企业的应收款来源于销售发票（包括专用发票、普通发票）和其他应收单。如果应收管理模块与销售管理模块同时使用，则销售发票必须在销售管理模块中填制，并在审核后自动传递给应收管理模块，在应收管理模块中只需录入未计入销售货款和税款的其他应收单数据（如代垫款项、运输装卸费、违约金等）；企业如果不使用销售管理模块，则全部业务单据都必须在应收管理模块中录入。

应收管理模块具有销售发票与其他应收单的新增、修改、删除、查询、预览、打印、制单、审核记账以及其他处理功能。

（2）收款单据处理。收款单据用来记录企业收到的客户款项。收款单据处理主要是对收款单和预收单进行新增、修改、删除等操作。

（3）单据核销。单据核销主要用于建立收款与应收款的核销记录，加强往来款项的管理，同时核销日期也是账龄分析的重要依据。

2．转账处理

（1）应收冲应收。应收冲应收是指将一家客户的应收款转到另一家客户中。通过将应收款业务在客户之间转入、转出，实现应收业务的调整，解决应收款业务在不同客户间入错户和合并户等问题。

（2）预收冲应收。预收冲应收用于处理客户的预收款和该客户应收欠款的转账核销业务。

（3）应收冲应付。应收冲应付是指用某客户的应收款冲抵某供应商的应付款项。通过应收冲应付，将应收款业务在客户和供应商之间进行转账，实现应收业务的调整，解决应收债权与应付债务的冲抵。

【经典例题·单选】通过（   ），将应收款业务在客户和供应商之间进行转账，实现应收业务的调整，解决应收债权与应付债务的冲抵。

　　A．应收冲应付　　　　　　　　B．预收冲应收
　　C．应收冲应付　　　　　　　　D．以上都不对

【答案】C

【解析】应收冲应付是指用某客户的应收款冲抵某供应商的应付款项。

(二) 票据管理

票据管理用来管理企业销售商品、提供劳务收到的银行承兑汇票或商业承兑汇票。对应收票据的处理主要是对应收票据进行新增、修改、删除及收款、退票、背书、贴现等操作。

(三) 坏账处理

1. 坏账准备计提

坏账准备计提是系统根据用户在初始设置中选择的坏账准备计提方法，自动计算坏账准备金额，并按用户设置的坏账准备科目，自动生成一张计提坏账的记账凭证。

2. 坏账发生

用户选定坏账单据并输入坏账发生的原因、金额后，系统将根据客户单位、单据类型查找业务单据，对所选的单据进行坏账处理，并自动生成一张坏账损失的记账凭证。

3. 坏账收回

坏账收回是指已确认为坏账的应收账款又被收回。一般处理方法是：当收回一笔坏账时，先填制一张收款单，其金额即为收回坏账的金额；然后根据客户代码查找并选择相应的坏账记录，系统自动生成相应的坏账收回记账凭证。

(四) 生成记账凭证

应收管理模块为每一种类型的收款业务编制相应的记账凭证，并将凭证传递到账务处理模块。

三、应收管理模块期末处理

(一) 期末结账

当月业务全部处理完毕，在销售管理模块月末结账的前提下，可执行应收管理模块的月末结账功能。

（二）应收账款查询

应收账款查询包括单据查询和账表查询。单据查询主要是对销售发票和收款单等单据的查询；账表查询主要是对往来总账、往来明细账、往来余额表的查询，以及总账、明细账、单据之间的联查。

（三）应收账龄分析

账龄分析主要是用来对未核销的往来账余额、账龄进行分析，及时发现问题，加强对往来款项动态的监督管理。

第七节　应付管理模块的应用

一、应付管理模块初始化工作

（一）控制参数和基础信息的设置

1．控制参数设置

（1）基本信息的设置。主要包括企业名称、银行账号、启用年份与会计期间设置。

（2）应付款核销的设置。应付款核销是确定付款与采购发票、应付单据之间对应关系的操作，即指明每一次付款是哪几笔采购业务款项。应付管理模块一般提供按单据、按存货等核销方式。

（3）规则选项。应付管理模块规则选项一般包括：核销是否自动生成凭证、预付冲应付是否生成转账凭证等。

2．基础信息设置

（1）设置会计科目。设置会计科目是指定义应付管理模块凭证制单所需的基本科目，如应付科目、预付科目、采购科目、税金科目等。

（2）设置对应科目的结算方式。设置对应科目的结算方式即设置对应科目的付款方式，主要包括现金、支票、汇票等。

(3) 设置账龄区间。设置账龄区间是指为进行应付账款账龄分析，根据欠款时间，将应付账款划分为若干等级，以便掌握对供应商的欠款时间长短。

(二) 期初余额录入

初次使用应付管理模块时，要将系统启用前未处理完的所有供应商的应付账款、预付账款、应付票据等数据录入到系统中，以便以后进行核销处理。

当第二年度处理时，系统会自动将上年未处理完的单据转为下一年的期初余额。

二、应付管理模块日常处理

(一) 应付处理

1. 单据处理

(1) 应付单据处理。企业的应付款来源于采购发票（包括专用发票、普通发票）和其他应付单。如果应付管理模块与采购管理模块同时使用，采购发票必须在采购管理模块中填制，并在审核后自动传递给应付管理模块，应付管理模块中只需录入未计入采购货款和税款的其他应付单数据。企业如果不使用采购管理模块，则全部业务单据都必须在应付管理模块中录入。

应付管理模块具有对采购发票与其他应付单的新增、修改、删除、查询、预览、打印、制单、审核记账以及其他处理功能。

(2) 付款单据处理。付款单据用来记录企业支付给供应商的款项。付款单据处理主要包括对付款单和预付单进行新增、修改、删除等操作。

(3) 单据核销。单据核销主要用于建立付款与应付款的核销记录，加强往来款项的管理，同时核销日期也是账龄分析的重要依据。

2. 转账处理

（1）应付冲应付。应付冲应付是指将一家供应商的应付款转到另一家供应商中。通过将应付款业务在供应商之间转入、转出，实现应付业务的调整，解决应付款业务在不同供应商间入错户和合并户等问题。

（2）预付冲应付。预付冲应付用于处理供应商的预付款和对该供应商应付欠款的转账核销业务。

（3）应付冲应收。应付冲应收是指用某供应商的应付款，冲抵某客户的应收款项。通过应付冲应收，将应付款业务在供应商和客户之间进行转账，实现应付业务的调整，解决应付债务与应收债权的冲抵。

（二）票据管理

票据管理用来管理企业因采购商品、接受劳务等而开出的商业汇票，包括银行承兑汇票和商业承兑汇票。对应付票据的处理主要是对应付票据进行新增、修改、删除及付款、退票等操作。

（三）生成记账凭证

应付管理模块为每一种类型的付款业务编制相应的记账凭证，并将记账凭证传递到账务处理模块。

三、应付管理模块期末处理

（一）期末结账

当月业务全部处理完毕，在采购管理模块月末结账的前提下，可执行应付管理模块的月末结账功能。

（二）应付账款查询

应付账款查询包括单据查询和账表查询。单据查询主要是对采购发票和付款单等单据的查询；账表查询主要是对往来总账、往来明细账、往来余额表的查询，以及总账、明细账、单据之间的联查。

（三）应付账龄分析

应付账龄分析主要是用来对未核销的往来账余额、账龄进行分析，及时发现问题，加强对往来款项动态的监督管理。

【经典例题·操作】往来账龄分析。

操作步骤：

①执行"往来→账簿→往来管理→客户往来账龄分析"命令。

②输入"查询科目"：1131。

③输入"截止日期"：2014-1-31。

④确定"账龄期间"：30；60；90；120；365。

⑤选择"账龄分析方法"：按所有往来明细分析。

⑥输入完毕，单击［确定］按钮，屏幕显示客户往来账龄分析表。

第八节 报表管理模块的应用

一、报表数据来源

（一）手工录入

报表中有些数据需要手工输入，例如资产负债表中"一年内到期的非流动资产"和"一年内到期的非流动负债"需要直接输入数据。

（二）来源于报表管理模块其他报表

会计报表中，某些数据可能取自某会计期间同一会计报表的数据，也可能取自某会计期间其他会计报表的数据。

（三）来源于系统内其他模块

会计报表数据也可以来源于系统内的其他模块，包括账务处理模块、固定资产管理模块等。

【经典例题·多选】报表数据来源主要有（　　）。

A. 报表管理模块其他报表 　　B. 系统内其他模块
C. 手工录入 　　D. 其他软件

【答案】ABC

【解析】报表数据来源为手工录入、报表管理模块其他报表和系统内其他模块。

二、报表管理模块应用基本流程

(一) 格式设置

报表格式设置的具体内容一般包括：定义报表尺寸、定义报表行高列宽、画表格线、定义单元属性、定义组合单元、设置关键字等。

1. 定义报表尺寸

定义报表尺寸是指设置报表的行数和列数。可事先根据要定义的报表大小，计算该表所需的行列，然后再进行设置。

2. 定义行高和列宽

设置行高、列宽应以能够放下本表中最高数字和最宽数据为原则，否则在生成报表时，会产生数据溢出的错误。

3. 画表格线

为了满足查询打印的需要，在报表尺寸设置完毕、报表输出前，还需要在适当的位置上画表格线。

4. 定义单元属性

定义单元属性包括设置单元类型及数据格式、数据类型、对齐方式、字形、字体、字号及颜色、边框样式等内容。

5. 定义组合单元

把几个单元作为一个单元来使用即为组合单元。所有针对单元的操作对组合单元同样有效。

(二) 公式设置

在报表中，由于各报表的数据间存在着密切的逻辑关系，所以报表中各数据的采集、运算需要使用不同的公式。报表中，主要有计算公式、审核公式和舍位平衡公式。

1. 计算公式

计算公式是指对报表数据单元进行赋值的公式，是必须定义的公式。计算公式的作用是从账簿、凭证、本表或他表等处调用、运算所需要的数据，并填入相关的单元格中。

2. 审核公式

审核公式用于审核报表内或报表间的数据勾稽关系是否正确。审核公式不是必须定义的。

审核公式由关系公式和提示信息组成。审核公式把报表中某一单元或某一区域与另外某一单元或某一区域或其他字符之间用逻辑运算符连接起来。

3. 舍位平衡公式

舍位平衡公式用于报表数据进行进位或小数取整后调整数据，如将以"元"为单位的报表数据变成以"万元"为单位的报表数据，表中的平衡关系仍然成立。舍位平衡公式不是必须定义的。

【经典例题·多选】不是必须定义的公式有（　　）。

A. 定义公式　　　　　　B. 计算公式

C. 舍位平衡公式　　　　D. 审核公式

【答案】CD

【解析】本题考查公式设置。审核公式和舍位平衡公式不是必须定义的公式。

（三）数据生成

报表公式定义完成后，或者在报表公式未定义完需要查看报表数据时，将报表切换到显示数据的状态，就生成了报表的数据。

（四）报表文件的保存

对于新建的报表文件，用户需要对其进行保存。

（五）报表文件的输出

会计报表输出是报表管理系统的重要功能之一。会计报表按输出方式的不同，通常分为屏幕查询输出、图形输出、磁盘输出、打印输出和网络传送五种类型。

1. 屏幕查询输出

报表屏幕查询输出简称为查询输出，又称屏幕输出、屏幕显示、显示输出，是最为常见的一种输出方式。

2. 图形输出

根据报表的数据生成图形时，系统会显示与会计报表数据有关的图形，便于分析会计报表。

3. 磁盘输出

一般指将报表以文件的形式输出到磁盘，以便上报下传。

4. 打印输出

打印输出是指将编制出来的报表以纸介质的形式表现出来。

不同的会计报表，打印输出的要求不同。其中，库存现金日记账、银行存款日记账需要每日打印，资产负债表、利润表等月报要求每月打印。

【经典例题·单选】资产负债表、利润表等要求（　　）。

A. 每日打印　　　　　　　B. 每月打印

C. 每年打印　　　　　　　D. 随时打印

【答案】B

【解析】资产负债表、利润表等月报要求每月打印。

5. 网络传送

网络传送是通过计算机网络将各种报表从一个工作站传递到另一个或几个工作站的报表传输方式。

三、利用报表模板生成报表

报表管理模块通常提供按行业设置的报表模板，为每个行业提供若干张标准的会计报表模板,以便用户直接从中选择合适的模板快速生成固定格式的会计报表。用户不仅可以修改系统提供报表模板中的公式,而且可以生成、调用自行设计的报表模板。

【题库·同步强化练习】

一、单项选择题(每题的备选项中,只有一个符合题意的正确答案。多选、错选、不选均不得分)

1. 将通用的会计软件转变为满足特定企业需要的系统,作为会计软件运行的基础是(　　)。

A. 期末处理　　　　　　　　B. 系统管理
C. 日常处理　　　　　　　　D. 系统初始化

2. 会计电算化环境下的财务分工实现的基础是会计软件的用户管理功能与(　　)。

A. 数据备份　　　　　　　　B. 数据还原
C. 数据权限设置　　　　　　D. 维护审批手续

3. 用友报表系统中,(　　)定义了报表数据之间的运算关系,可以实现报表系统从其他子系统取数,所以必须定义它。

A. 计算公式　　　　　　　　B. 审核公式
C. 舍位平衡公式　　　　　　D. 单元公式

4. 工资模块的基本功能不包括(　　)内容。

A. 录入工资数据　　　　　　B. 自动转账
C. 定义工资计算公司　　　　D. 编制工资表

5. 下列选项中不属于职工初始数据的是(　　)。

A. 职工姓名、编号、所在部门
B. 职工类别、账号、是否计税
C. 职工性别、职务、民族、国籍
D. 应发工资、扣税额、实发工资

6. 在工资管理系统中，目前定义职工个人"银行账号"的主要作用是（   ）。

A. 缴纳个人所得税 B. 缴纳工会会费
C. 银行代发工资 D. 到银行提取现金

7. 月末结账时，账务处理系统应提供（   ）功能。

A. 删除当月所有凭证、账簿 B. 自动将当月余额转入下月
C. 强制打印当月凭证 D. 强制打印当月账簿

8. 已记账的凭证，如果在"月末结账"前，发现录入有错误，可以用（   ）方法调整。

A. 下个月再处理 B. 编制调整凭证
C. 不做处理 D. 直接修改凭证

9. 账务处理系统中，（   ）每月只能使用一次。

A. 结账功能 B. 审核凭证功能
C. 记账功能 D. 查询凭证功能

10. 会计核算软件在某月进行月末结账以后，系统应能自动控制（   ）。

A. 不得再录入当月凭证 B. 不得录入下月凭证
C. 不重再进行凭证查询 D. 不得再进行账簿打印

11. 在会计软件的初始设置中，录入期初余额时（   ）。

A. 只要求录入一级科目的期初余额
B. 只要求录入中间级科目的期初余额
C. 每级科目均需录入期初余额
D. 只要求录入最末级科目的期初余额

12. 下列关于电算化方式下会计科目设立的表述中，不正确的是（   ）。

A. 建立会计账户体系要逐级设置明细科目，应从最末级开始逐层向上设置

B. 要保持科目的稳定性

C. 凡是与其他各子系统有关的会计科目，在整理时应将各子系统中的核算大类在账务处理系统中设为最底层科目

D. 不能只有下级科目而没有上级科目

13. 某企业会计科目使用 3-2-2-2 的全编码方案，则 1010101 科目是（　　）。

A. 二级科目　　　　　　　B. 三级科目

C. 四级科目　　　　　　　D. 一级科目

14. 下列关于账套的表述中，不正确的是（　　）。

A. 账套可以备份，以备数据损坏时恢复

B. 账套最好存放在移动储存介质上，以便于携带

C. 账套就是一套会计数据文件

D. 一台计算机中可以有多个账套

15. 在计算机环境下，账务处理分为输入、处理、输出三个环节，从输入凭证到输出账表，机内所有处理工作基本都由计算机自动完成，其中最关键的环节是（　　）。

A. 数据输入　　　　　　　B. 数据管理

C. 数据传递　　　　　　　D. 数据输出

16. 账务处理系统中，（　　）后凭证可以记账。

A. 查询　　B. 修改　　C. 输入　　D. 审核

17. 下列选项中，不属于在固定资产类别设置中完成的是（　　）。

A. 确定每一类别的编码规则　　B. 指定每一类别的经济用途

C. 确定每一类别的折旧方法　　D. 指定每一类别的核算科目

18. 下列事项变动中，不需要相应修改固定资产卡片的是（　　）。

A. 使用年限　　　　　　　B. 会计期间

C. 使用部门　　　　　　　D. 固定资产原值

19. 在应收款系统中，取消坏账处理的前提条件是（　　）。

A. 坏账处理的日期在已经结账月末内

B. 坏账处理后已经制单

C. 坏账处理后尚未制单

D. 坏账处理采用直接转销法

20. 下列关于会计核算软件应收应付账款核算模块的表述中，不正确的是（　　）。

A. 输入赊购业务的有关单据　　B. 计量收付的往来款项

C. 分析应收账款账龄　　D. 凭证记账处理

21. 系统初始化是指（　　）。

A. 企业日常运营过程中较少发生的业务处理过程

B. 企业日常运营过程中重复、频繁发生的业务处理过程

C. 系统首次使用时，根据企业的实际情况进行参数设置，并录入基础档案与初始数据的过程

D. 系统每次使用时，根据企业的实际情况进行参数设置，并录入基础档案与初始数据的过程

22. 关于系统初始化，下列说法正确的是（　　）。

A. 系统初始化的内容涉及多个模块的运行，不特定专属于某个模块

B. 系统初始化在系统初次运行时一次性完成，后期不能更改

C. 系统初始化将会计软件的数据输出保存在其他存储介质上，以备后续使用

D. 系统初始化将通用的会计软件转变为满足特点企业需要的系统

23. 系统初始化的内容包括（　　）。

A. 系统级初始化和模块级初始化

B. 创建账套和增加操作员

C. 设置系统公用基础信息和管理用户

D. 创建账套和管理用户

24. 系统级初始化的内容涉及（　　）。

A. 多个模块的运行　　　　B. 特定专属于某个模块

C. 账务处理模块　　　　　D. 以上都对

25. "创建账套并设置相关信息"是会计软件（　　）的内容。

A. 日常处理　　　　　　　B. 期末处理

C. 系统级初始化　　　　　D. 模块级初始化

26. "录入初始数据"是会计软件（　　）的内容。

A. 日常处理　　　　　　　B. 期末处理

C. 系统级初始化　　　　　D. 模块级初始化

27. 每个会计期间内，企业日常运营过程中重复、频繁发生的业务处理过程称为（　　）。

A. 日常处理　　　　　　　B. 期末处理

C. 系统级初始化　　　　　D. 模块级初始化

28. 下列属于日常处理特点的是（　　）。

A. 日常业务在每个会计期间内重复发生，所涉及金额基本相同

B. 日常业务频繁发生，需要输入的数据量大

C. 有较为固定的处理流程

D. 业务可以由计算机自动完成

29. （　　）是指将会计软件的数据输出保存在其他存储介质上，以备后续使用。

A. 数据还原　　　　　　　B. 数据备份

C. 系统初始化　　　　　　D. 期末处理

30. 数据备份主要包括（　　）。

A. 档案备份和凭证备份　　B. 档案备份和年度账备份

C. 账套备份和年度账备份　　D. 凭证备份和账套备份

31. 数据还原又称（　　）。

A. 数据备份　　　　　　　B. 数据恢复

C. 数据处理　　　　　　　D. 以上都对

32. 数据还原主要包括（　　）。

A. 档案还原和凭证还原　　B. 档案还原和年度账还原

C. 账套还原和年度账还原　D. 凭证还原和账套还原

33. 关于数据还原，下列选项不正确的是（　　）。

A. 数据还原又称数据恢复

B. 数据还原指将备份的数据使用会计软件恢复到计算机硬盘上

C. 数据还原与数据备份是一个相同的过程

D. 数据还原主要包括账套还原、年度账还原等

34. 关于期末处理，下列说法不正确的是（　　）。

A. 期末业务在每个会计期间内重复发生，所涉及金额基本相同

B. 期末业务频繁发生，需要输入的数据量大

C. 有较为固定的处理流程

D. 业务复杂，不能由计算机自动完成

35. 账套是存放会计核算对象的所有（　　）的总称。

A. 会计业务数据文件　　　B. 会计账簿

C. 会计报表　　　　　　　D. 记账凭证

36. 一个账套只能保存（　　）的业务资料。

A. 企业的一个分部　　　　B. 整个企业集团

C. 一个会计核算对象　　　D. 以上都对

37. 建立账套是指在会计软件中为企业建立一套符合核算要求的（　　）。

A. 报表体系　　　　　　　　B. 凭证体系

C. 账簿体系　　　　　　　　D. 以上都对

38. 企业建立账套时应当根据企业的（　　）设置相关信息。

A. 具体情况和企业性质　　　B. 具体情况和核算要求

C. 核算要求和企业性质　　　D. 会计期间和核算要求

39. 关于账套参数的修改，下列说法不正确的是（　　）。

A. 企业可以根据业务需要对某些已经设定的参数内容进行修改

B. 如果账套参数内容已被使用，进行修改可能会造成数据的紊乱

C. 对账套参数的修改应当谨慎

D. 不能对已使用的账套信息进行修改

40. 设置编码方案是指设置具体的编码规则，包括（　　）。

A. 编码级次　　　　　　　　B. 各级编码长度

C. 各级编码长度的含义　　　D. 以上都对

41. 关于设置编码方案，下列说法正确的是（　　）。

A. 设置编码方案是指设置具体的编码符号，对各对象的编号进行设置

B. 设置编码方案目的在于方便企业对基础数据的编码进行分级管理

C. 设置编码的对象包括部门、职员、客户、供应商和凭证编号

D. 编码级次能唯一地确定被标识的对象

42. 往来单位包括（　　）。

A. 客户与供应商　　　　　　B. 客户和税务部门

C. 供应商和银行　　　　　　D. 银行和客户

43. 设置客户信息一般不包括（　　）。

A. 编码 B. 分类
C. 结算方式编码 D. 开户银行

44. 设置收付结算方式一般包括设置（　　）等。
A. 结算方式编码和结算方式分类
B. 结算方式编码和结算方式名称
C. 外币核算方式和结算方式分类
D. 外币核算方式和结算方式名称

45. 设置凭证类别是指（　　）。
A. 对记账凭证进行保存修改　　B. 对原始凭证进行保存修改
C. 对记账凭证进行分类编制　　D. 对原始凭证进行分类编制

46. 在会计软件中，系统通常提供的限制条件包括（　　）等。
A. 借方必有、贷方必有　　B. 凭证必有、凭证必无
C. 无限制　　D. 以上都正确

47. 从会计软件的要求来看，企业所使用的会计科目的名称不能是（　　）。
A. 汉字 B. 英文字母
C. 数字 D. 空

48. 设置账页格式是指（　　）。
A. 用于定义该会计科目在账簿打印时的默认打印格式
B. 用于设定该会计科目核算是否有外币核算
C. 用于设定该会计科目是否有数量核算
D. 用于定义该会计科目余额默认的方向

49. 辅助核算一般设置在（　　）上。
A. 一级科目 B. 末级科目
C. 二级科目 D. 以上都可以

50. 当会计科目具有（　　）时，需设定数量计量单位。
A. 部门核算 B. 外币核算

C. 数量核算　　　　　　　　D. 项目核算

二、**多项选择题**（每题的备选项中，有两个或两个以上符合题意的正确答案。多选、少选、错选、不选均不得分）

1. 属于工资核算模块初始化设置的有（　　）。
   A. 部门设置　　　　　　　　B. 工资项目设置
   C. 工资计算公式定义　　　　D. 客户设置
2. 工资核算模块日常账务处理的内容包括（　　）。
   A. 录入变动的基础工资数据　B. 输入变动工资数据
   C. 工资计算　　　　　　　　D. 工资汇总
3. 工资核算系统的建账工作内容主要包括（　　）。
   A. 工资类别等参数设置　　　B. 计算公式的设置
   C. 扣税和扣零设置　　　　　D. 职工编码规则设置
4. 下列（　　）情况出现时，会计软件当期不能结账。
   A. 银行对账出现不一致
   B. 机内总分类账与机内明细账不一致
   C. 会计凭证未全部登账
   D. 存在未经审核的记账凭证
5. 结账要在本期所有业务处理完毕之后才能进行，所以系统在结账之前必须检查（　　）。
   A. 是否还有未过账的凭证　　B. 是否已经进行银行对账
   C. 是否已经执行期末调整　　D. 是否已经进行结转损益
6. 下列关于结账操作中，错误的有（　　）。
   A. 结账每月可以多次　　　　B. 结账每月只能一次
   C. 结账在月中进行　　　　　D. 结账在月末进行
7. 使用月末结账功能之前需要注意的问题有（　　）。
   A. 本月凭证有没有全部登记入账

B. 本月有没有未审核凭证

C. 检查上月是否已结账

D. 操作人员是否是主管会计

8. 企业在某年6月1日开始使用会计核算软件，在录入科目初始数据时，需要录入的项目有（　　）。

A. 1至5月贷方累积发生额　　B. 1至5月借方累积发生额

C. 各科目的年初金额　　　　D. 6月初余额

9. （　　）属于系统初始化内容。

A. 期初数据的输入　　　　　B. 设置操作员权限

C. 存货档案的设置　　　　　D. 凭证的填制

10. 用友软件中财务处理系统初始化时需要选择凭证类别，下列记账凭证分类正确的有（　　）。

A. 都为一类：记账凭证

B. 分为三类：收款凭证、付款凭证和转账凭证

C. 分为三类：现金凭证、银行凭证和转账凭证

D. 分为五类：现金收款、现金付款、银行收款、银行付款和转账凭证

11. 下列各项中，属于辅助核算项目设置内容的有（　　）。

A. 设备核算　　　　　　　　B. 部门核算

C. 项目核算　　　　　　　　D. 往来单位核算

12. 下列关于会计电算化记账流程的表述中，正确的有（　　）。

A. 记账只是对记账凭证做记账标记

B. 记账时同时登记总账、明细账和日记账

C. 记账是一个功能按键，由计算机自动完成相关账簿的登记

D. 记账不产生新的会计核算数据

13. 报表的日常使用主要包括（　　）。

A. 报表编制 B. 报表汇总
C. 报表查询 D. 报表打印

14. 在固定资产核算系统中，对计提折旧有影响的数据项有（　　）。

A. 资产名称 B. 资产原值
C. 折旧方法 D. 使用状态

15. 会计核算软件应能打印（　　）。

A. 日常会计报表数据

B. 科目余额表数据

C. 现金、银行存款日记账数据

D. 各期机内记账凭证数据

16. 会计软件的应用流程一般包括（　　）。

A. 系统初始化 B. 日常处理
C. 期末处理 D. 创建账单

17. 通过设置权限，用户（　　）。

A. 不能进行没有权限的操作

B. 不能查看没有权限的数据

C. 可以进行一定没有权限的操作

D. 可以查看一定没有权限的数据

18. 设置基础档案是后续进行（　　）的基础。

A. 具体核算 B. 用户分工
C. 数据分类 D. 数据汇总

19. 凭证类别校验的标准是（　　）。

A. 限制条件 B. 限制科目
C. 限制类别 D. 以上都对

20. 辅助核算一般包括（　　）。

A. 数量核算、外币核算

B. 部门核算、个人往来核算

C. 客户往来核算、供应商往来核算

D. 项目核算、部门核算

21. 会计科目的余额方向为贷方的是（   ）。

　　A. 资产类　　　B. 负债类　　　C. 费用类　　　D. 收入类

22. 在账务处理模块中，常见的参数设置包括（   ）。

　　A. 现金流量科目是否必须输入现金流量项目、出纳凭证是否必须经过出纳签字

　　B. 凭证编号方式、是否允许操作人员修改他人凭证

　　C. 凭证是否必须输入结算方式和结算号

　　D. 是否对资金及往来科目实行赤字提示

23. 关于凭证修改的内容，下列说法错误的是（   ）。

　　A. 凭证可以修改的内容一般包括摘要、科目、金额及编号等

　　B. 凭证类别、编号、方向不能修改

　　C. 制单日期的修改也会受到限制

　　D. 对凭证进行修改后经检查满足了校验条件，才能进行保存

24. 凭证录入的内容包括（   ）等。

　　A. 凭证类别、凭证编号　　　B. 制单日期、附件张数

　　C. 摘要、科目　　　D. 发生金额、制单人

25. 关于已记账凭证的修改，下列说法正确的是（   ）。

　　A. 会计软件应当提供可逆的记账功能

　　B. 会计软件确保对所有已记账凭证的连续编号

　　C. 已记账凭证不得删除和插入

　　D. 已记账凭证日期、金额、会计科目和操作人不得修改

26. 审核凭证是指审核人员按照国家统一会计准则制度规定，对于完成制单的记账凭证的（   ）等进行检查核对。

　　A. 唯一性　　　B. 正确性

C. 合规合法性 D. 统一性

27. 审核凭证内容包括（ ）。

A. 记账凭证的编号是否连接

B. 审核记账凭证的内容、金额是否与原始凭证相符

C. 记账凭证的编制是否符合规定

D. 所附单据是否真实、完整

28. 在会计软件中，记账是指由具有记账权限的人员，通过记账功能发出指令，由计算机按照会计软件预先设计的记账程序自动进行（ ）等操作。

A. 出纳签字 B. 合法性校验

C. 科目汇总 D. 登记账目

29. 关于记账的操作控制，下列说法正确的是（ ）。

A. 期初余额不平衡，不能记账 B. 上月未记账，本月不可记账

C. 未被审核的凭证不能记账 D. 一个月只能一天记一次账

30. 出纳管理的主要工作包括（ ）。

A. 现金日记账、银行存款日记账和资金日报表的管理

B. 月末结账

C. 支票管理

D. 进行银行对账并输出银行存款余额调节表

31. 从银行购置的空白支票进行登记操作的内容包括（ ）。

A. 购置支票的银行账号 B. 购置支票的支票规则

C. 购置的支票类型 D. 支票用途

32. 支票领用时应登记详细的领用记录，包括（ ）。

A. 领用部门、领用人信息 B. 支票金额、支票号

C. 领用日期、支票用途 D. 支票类型、支票规则

33. 关于银行对账，下列说法正确的是（ ）。

A. 在首次使用银行对账功能时，需要事先录入账务处理模块

启用日期前的银行和企业账户余额及未达账项

B. 从启用月份开始，上月对账的未达账项将自动加入到以后月份的对账过程中

C. 对账前，必须将银行对账单的内容录入到系统中

D. 在会计电算化环境下，系统提供自动对账功能，即系统根据用户设置的对账条件进行逐笔检查，对未达到对账标准的记录进行勾对，未勾对的为已达账项

34. 在明细账查询窗口下，系统一般允许联查（　　）。

A. 所选明细事项的记账凭证　　B. 余额表

C. 银行存款日记账　　　　　　D. 总账

35. 关于多栏账查询，下列说法正确的是（　　）。

A. 多栏账即多栏式明细账

B. 用户可以预先设计企业需要的多栏式明细账

C. 可按照辅助核算保存为不同名称的多栏账

D. 查询多栏账时，用户可以设置多种查询条件

36. 出纳对资金日报表的管理包括（　　）。

A. 在支付业务处理完毕后，进行报销处理

B. 查询、输出或打印资金日报表

C. 提供当日借、贷金额合计和余额

D. 生成银行存款余额调节表

37. 关于自动转账，下列说法正确的是（　　）。

A. 自动转账定义是指对需要系统自动生成日记账的相关内容进行定义

B. 进行自动转账定义，设置的内容一般包括编号、凭证类别、摘要等

C. 用户应该按期末结转的顺序来执行自动转账生成功能

D. 自动生成的转账凭证不需要进行后续的审核、记账

38. 在自动转账生成前,应该( )。

A. 将本会计期间的全部经济业务填制记账凭证

B. 将所有未记账凭证审核记账

C. 对账簿数据进行检查核对

D. 对会计科目余额进行试算平衡

39. 自动转账定义,设置的内容一般包括( )。

A. 日期、金额、方向

B. 编号、凭证类别、摘要

C. 发生会计科目、辅助项目

D. 发生方向、发生额计算公式

40. 关于期间损益结转,下列说法正确的是( )。

A. 期间损益结转包括期间损益定义和期间损益生成

B. 期间损益结转能够及时反映企业利润的盈亏情况

C. 用户应该结账后,再进行期间损益结转

D. 在操作上一般需要设置凭证类别为付款凭证

41. 关于固定资产管理模块设置启用会计期间,下列说法正确的是( )。

A. 启用会计期间是指会计软件开始使用的时间

B. 固定资产管理模块的启用期间不得早于系统中该账套建立的期间

C. 设置启用会计期间在第一次进入固定资产管理模块时进行

D. 设置启用会计期间在系统初始化时进行

42. 固定资产管理模块设置折旧相关内容一般包括( )。

A. 是否计提折旧　　　　　　B. 折旧率小数位数

C. 累计折旧　　　　　　　　D. 已计提月份

43. 固定资产增加的方式主要有( )。

A. 直接购买、投资者投入　　B. 捐赠、盘盈

C. 在建工程转入、融资租入　　D. 毁损、融资租出

44. 固定资产使用状况包括（　　）。

　A. 在用、经营性出租　　　　B. 大修理停用、季节性停用

　C. 不需要、未使用　　　　　D. 毁损、融资租出

45. 固定资产计提折旧的方法通常包括（　　）。

　A. 工作量法　　　　　　　　B. 年数总和法

　C. 双倍余额递减法　　　　　D. 年限平均法

46. 关于固定资产卡片，下列说法正确的是（　　）。

　A. 固定资产卡片是固定资产核算和管理的数据基础

　B. 在初始使用固定资产模块时，应该录入当期期末的固定资产数据

　C. 固定资产卡片记录每项固定资产的详细信息

　D. 固定资产编号、残值率、折旧方法、开始使用日期等均是固定资产卡片内容

47. 下列各项中，属于固定资产核算模块的日常处理的有（　　）。

　A. 固定资产增加　　　　　　B. 原始卡片录入

　C. 计提折旧　　　　　　　　D. 固定资产账表输出

48. 固定资产变动业务包括（　　）。

　A. 价值变更信息　　　　　　B. 非价值变更信息

　C. 折旧要素变更　　　　　　D. 使用年限变更

49. 企业一般按（　　）等设置多个工资类别。

　A. 人员　　　B. 部门　　　C. 成本　　　D. 时间

50. 初次录入固定资产原始卡片时，应将（　　）等相关信息录入系统。

　A. 固定资产的原值　　　　　B. 使用年限

　C. 残值（率）　　　　　　　D. 折旧计提方法

51. 关于应收管理转账处理，下列说法正确的是（　　）。

A. 应收冲应收是指将一家客户的应收款转到另一家客户中

B. 通过预收冲应收解决收款业务在不同客户间入错户和合并户等问题

C. 预收冲应收用于处理客户的预收款和该客户应收欠款的结转核销业务

D. 通过预收冲应收,将应收款业务在客户和供应商之间进行转账,实现应收业务的调整,解决应收债权与应付债务的冲抵

52. 票据管理用来管理企业销售商品、提供劳务收到的（   ）。

A. 现金支票　　　　　　　　B. 银行承兑汇票

C. 销售发票　　　　　　　　D. 商业承兑汇票

53. 应收账款查询包括（   ）。

A. 发票查询　　　　　　　　B. 单据查询

C. 账表查询　　　　　　　　D. 汇票查询

54. 定义单元属性包括（   ）。

A. 单元类型及数据格式　　　B. 数据类型、对齐方式

C. 字型、字体　　　　　　　D. 字号及颜色、边框样式

55. 审核公式由（   ）组成。

A. 运算符　　　　　　　　　B. 关系公式

C. 提示信息　　　　　　　　D. 审核公式

三、判断题（正确的请在题后括号中画"√",错误的请在题后括号中画"×"。不判断、判断错误的均不得分）

1. 系统初始化的部分设置可以在系统使用后进行修改。(   )
2. 会计科目的名称可以是汉字、英文字母、数字等符号,也可以为空。(   )
3. 会计凭证审核人员和制单人员不能是同一人。(   )
4. 启动用友报表时必须进行账套初始。(   )

5. 基础工资数据是指工资数据中每月固定不变的部分,一旦录入后,以后就不必再输入。( )

6. 工资核算系统是电算化会计核算系统中一个相对独立的专项核算子系统。( )

7. 财务处理系统中,结账后还可以补记当月凭证。( )

8. 账务处理系统中,结账功能每月只能使用一次。( )

9. 在会计核算软件中,可以选定多个会计期间同时结账。( )

10. 结账时,本期的所有凭证都应当记账。( )

11. 建立期初余额的目的在于将手工处理的会计业务,转入计算机处理,使两者之间的账目具有连续性和继承性。( )

12. 凭证类别的设置既可以选择收、付、转三类凭证,也可以根据实际需要设置多类凭证,类别代码和名称允许重复。( )

13. 科目性质是随时可以修改的。( )

14. 在账务处理系统进行会计科目设置时,设置的会计科目代码可以不必是唯一的。( )

15. 未通过审核的凭证,可以进行记账。( )

16. 结账后,不能再输入当月的记账凭证,但是可以输入下月的记账凭证。( )

17. 在录入固定资产卡片时,一项固定资产可以对应多个使用部门,其折旧也可以对应多个转账科目。( )

18. 固定资产的使用状态一般分为使用中、未使用、不需用。( )

19. 执行凭证记账功能时,如在给定的记账范围内已有记账的凭证,将不对其进行记账,而仅对未记账凭证进行记账。( )

20. 往来账管理中,往来业务数据的传递是操作员输入的,而不是通过凭证经记账后自动传递的。( )

21. 会计软件的应用流程一般包括系统初始化、日常处理、期末处理和账套管理等环节。（　　）
22. 数据还原与数据备份是一个相反的过程。（　　）
23. 在同一会计软件中可以建立一个或多个账套。（　　）
24. 设置编码方案是指设置具体的编码符号。（　　）
25. 编码级次能唯一地确定被标识的对象。（　　）
26. 往来单位是指客户。（　　）
27. 外币币别一旦设定，用户只能修改，不能删除。（　　）
28. 删除的会计科目不能为已经使用的会计科目。（　　）
29. 用户可以选择二级科目所属的科目类型。（　　）
30. 辅助核算一般设置在一级科目上。（　　）
31. 凭证类别、方向不能修改。（　　）
32. 制单日期的修改会受到限制。（　　）
33. 审核标错的凭证在修改正确后，出错的标记将会消失。（　　）
34. 已记账凭证不得删除、修改和插入。（　　）
35. 审核凭证只能由具有审核权限的人员进行。（　　）
36. 期初余额不平衡，可以记账不能结账。（　　）
37. 记账过程中，不应人为终止记账。（　　）
38. 资金日报表以月为单位。（　　）
39. 业务发生的日期是对账的基本条件。（　　）
40. 为了保证数据的正确性，系统不提供对账功能。（　　）
41. 用户可以在系统中修改余额调节表。（　　）
42. 用户应该按期末结转的顺序来执行自动转账生成功能。（　　）
43. 只有结账正确，才能进行对账操作。（　　）
44. 启用会计期间是指会计软件开始使用的时间。（　　）
45. 所有针对单元的操作对组合单元不一定有效。（　　）

46. 审核公式用于审核报表内或报表间的数据勾稽关系是否正确。（　　）

47. 舍位平衡公式必须定义。（　　）

48. 不同的会计报表，打印输出的要求不同。（　　）

49. 库存现金日记账、银行存款日记账需要每月打印。（　　）

50. 打印输出是最为常见的一种输出方式。（　　）

四、实务操作题

（一）建立账套

（1）账套信息

账套号：607。

账套名称：文达通科技有限公司。

启用会计期：2014 年 01 月。

（2）单位信息

单位名称：文达通科技有限公司。

单位简称：文达通科技。

（3）核算类型

行业性质：2007 年新会计准则。

账套主管：demo。

（4）基础信息

供应商分类：是。

（5）编码方案

科目编码级次：4221。

启用"购销存管理"子系统，启用日期为 2014 年 1 月 1 日。

（二）增加操作员及设置权限

编号	姓名	所属部门	权限
001	甲	财务部	账套主管
002	乙	财务部	应收、月份、除出纳外的总账权限

续表

编号	姓名	所属部门	权限
003	丙	财务部	固定资产、存货核算、工资管理
004	丁	财务部	总账—出纳
005	戊	采购部	采购管理

（三）总账

1.（用户名：13。账套：301。操作日期：2014年1月1日）增加会计科目，科目编码：100203。科目名称：农行存款，外币英镑核算。

2.（用户名：13。账套：301。操作日期：2014年1月1日）设置供应商档案，供应商编码：205。供应商名称：北京同创公司。供应商简称：北京同创。地址：北京市××区大华路13号。

3.（用户名：13。账套：301。操作日期：2014年1月1日）设置"收款凭证、付款凭证、转账凭证"凭证类别。收款凭证的限制类型为"借方必有"，限制科目为"1001，100201"。

4.（用户名：13。账套：301。操作日期：2014年1月1日）设置外币及汇率，币符：EUR。币名：欧元。1月份记账汇率为7.5。

5.（用户名：14。账套：302。操作日期：2014年1月31日）将"转0001号"凭证中的借方科目"应收账款"的个人辅助项修改为"销售部吴敏"，借贷方金额修改为2 000元。

（四）报表

1. 用户名：22。账套：705。操作日期：2014年1月31日。打开考生文件夹下的"资产负债表7.rep"完成下列操作后，将报表以原文件名进行保存。

（1）追加一张表页。

（2）在新表页中输入关键字：2014年4月20日。

(3) 生成报表数据。

2. 用户名：22。账套：705。操作日期：2014年1月1日。

打开考生文件夹下的"利润表6.rep"完成下列操作后，将报表以原文件名进行保存。

(1) 设置A1单元格行高为9。

(2) 设置A1单元格文字为"黑体14号"，垂直居中对齐。

3. 用户名：22。账套：705。操作日期：2014年1月1日。

打开考生文件夹下的"利润简表4.rep"完成下列操作后，将报表以原文件名进行保存。

(1) 设置表尺寸为16行4列。

(2) 将区域A3：C15进行区域画线，线型为"网线"，样式为"-------"。

4. 用户名：22。账套：705。操作日期：2014年1月1日。

打开考生文件夹下的"资产负债表14.rep"完成下列操作后，将报表以原文件名进行保存。

(1) 在A2单元格设置"年，月，日"关键字。

(2) 设置"年，月，日"关键字的偏移量为－140，－110，－80。

（五）工资

1. 用户名：15。账套：801。操作日期：2014年1月31日。

在"正式人员2"工资类别下，查询纳税所得申报表。

2. 用户名：15。账套：801。操作日期：2014年1月31日。

设置工资类别。

类别名称：临时人员1，包括生产部。

3. 用户名：15。账套：801。操作日期：2014年1月31日。

在"正式人员2"工资类别下，设置"养老保险"工资项目计算公式。

养老保险＝基本工资×0.08

4. 用户名：15。账套：801。操作日期：2014年1月31日。
在"正式人员1"工资类别下，录入工资变动数据。

姓名：李小方。

事假天数：5。

5. 用户名：15。账套：801。操作日期：2014年1月31日。
在"正式人员1"工资类别下，定义工资转账关系。

计提类型名称：应付工资1。

计提比例：100%。

部门名称：采购部。

人员类别：管理人员。

项目：应发合计。

借方科目：6602。

贷方科目：2211。

（六）固定资产

1. 用户名：15。账套：802。操作日期：2014年1月31日。
查询固定资产使用状况分析表。

2. 查询所有部门的折旧计提汇总表。

3. 查询固定资产统计表。

4. 查询"电子设备"类固定资产明细账。

5. 资产变动。
综合部的奥迪原值增加10 000元，变动原因：增加配件。

（七）应收应付

1. 用户名：13。账套：401。操作日期：2014年1月31日。
查询全部供应商的往来余额表。

2. 用户名：13。账套：401。操作日期：2014年1月31日。
查询全部客户对账单。

3. 用户名：13。账套：401。操作日期：2010年1月31日。对销售发票进行账龄分析。

【参考答案及解析】

一、单项选择题（每题的备选项中，只有一个符合题意的正确答案。多选、错选、不选均不得分）

1. D 【解析】系统初始化是会计软件运行的基础。

2. C 【解析】会计电算化环境下的财务分工实现的基础是会计软件的用户管理功能与数据权限设置。

3. A 【解析】计算公式定义了报表数据之间的运算关系，可以实现报表系统从其他子系统取数的功能。所以，必须定义计算公式。

4. B 【解析】自动转账是账务处理模块的基本功能。

5. D 【解析】应发工资、扣税额、实发工资属于工资项目设置。

6. C 【解析】在工资管理系统的初始设置中，可以根据不同类别人员或不同类别工资设置银行账号，目的在于银行代发工资。

7. B 【解析】月末结账时，账务处理系统应提供自动将当月余额转入下月功能。

8. B 【解析】已记账的凭证发生错误的，采用红字更正法或者补充登记法进行更正。

9. A 【解析】账务处理中，结账功能每月只能使用一次，记账功能可以多次使用。

10. A 【解析】当月结账之后，不能再录入当月的凭证。

11. D 【解析】在会计软件初始设置中，余额和累计发生额的录入要从最末级科目开始，上级科目的余额和累计发生数据由系统自动计算。

12. A 【解析】建立会计账户体系要从总账科目开始,遵循"自上而下"原则。

13. B 【解析】该企业的会计科目编码方案是3-2-2-2,每个数码表示该级的级长,一级科目编码级长为3,二级科目编码级长为2,三级科目编码级长为2,四级科目编码级长为2,所以1010101是三级科目。

14. B 【解析】账套最好存放在硬盘上。

15. A 【解析】在所有计算机会计数据的输入环节中,我们经常用"垃圾进,垃圾出"来说明数据输入对会计核算软件的应用所具有的举足轻重的作用。

16. D 【解析】账务处理系统中,只有审核通过后的凭证可以记账。

17. B 【解析】固定资产的经济用途是在固定资产卡片中完成的。

18. B 【解析】本题考核固定资产管理系统相关知识点。

19. C 【解析】在应收款系统中,取消坏账处理的前提条件是坏账处理后尚未制单。若已经制单,则取消制单,删除凭证,再取消坏账处理。

20. D 【解析】凭证记账处理是在账务处理模块完成的。

21. C 【解析】系统初始化是系统首次使用时,根据企业的实际情况进行参数设置,并录入基础档案与初始数据的过程。

22. D 【解析】模块级初始化是设置特定模块运行过程中所需要的参数、数据和本模块的基础信息,以保证模块按照企业的要求正常运行,A选项错误;系统初始化在系统初次运行时一次性完成,但部分设置可以在系统使用后进行修改,B选项错误;数据备份是指将会计软件的数据输出保存在其他存储介质上,以备后续使用用,C选项错误。

23. A 【解析】系统初始化的内容包括系统级初始化和模块级初始化。

24. A 【解析】系统级初始化的内容涉及多个模块的运行,不特定专属于某个模块。

25. C 【解析】系统级初始化内容主要包括:①创建账套并设置相关信息;②增加操作员并设置权限;③设置系统公用基础信息。

26. D 【解析】模块级初始化内容主要包括:①设置系统控制参数;②设置基础信息;③录入初始数据。

27. A 【解析】日常处理是指在每个会计期间内,企业日常运营过程中重复、频繁发生的业务处理过程。

28. B 【解析】日常处理的特点是日常业务频繁发生,需要输入的数据量大;日常业务在每个会计期间内重复发生,所涉及金额不尽相同。

29. B 【解析】数据备份是指将会计软件的数据输出保存在其他存储介质上,以备后续使用。

30. C 【解析】数据备份主要包括账套备份、年度账备份等。

31. B 【解析】数据还原又称数据恢复。

32. C 【解析】数据还原主要包括账套还原、年度账还原等。

33. C 【解析】数据还原与数据备份是一个相反的过程。

34. D 【解析】期末处理业务可以由计算机自动完成。

35. A 【解析】账套是指存放会计核算对象的所有会计业务数据文件的总称。

36. C 【解析】一个账套只能保存一个会计核算对象的业务资料,这个核算对象可以是企业的一个分部,也可以是整个企业集团。

37. C 【解析】建立账套是指在会计软件中为企业建立一套

符合核算要求的账簿体系。

38．B 【解析】建立账套时需要根据企业的具体情况和核算要求设置相关信息。

39．D 【解析】如果账套参数内容已被使用，进行修改可能会造成数据的紊乱。

40．D 【解析】设置编码方案是指设置具体的编码规则，包括编码级次、各级编码长度及其含义。

41．B 【解析】设置编码方案是指设置具体的编码规则，包括编码级次、各级编码长度及其含义，A 选项错误；设置编码的对象包括部门、职员、客户、供应商、科目、存货分类、成本对象、结算方式和地区分类等，C 选项错误；编码符号能唯一地确定被标识的对象，D 选项错误。

42．A 【解析】往来单位包括客户与供应商。

43．C 【解析】设置供应商信息一般包括输入供应商编码、分类、名称、开户银行、联系方式等。

44．B 【解析】设置收付结算方式一般包括设置结算方式编码、结算方式名称等。

45．C 【解析】设置凭证类别是指对记账凭证进行分类编制。

46．D 【解析】在会计软件中，系统通常提供的限制条件包括借方必有、贷方必有、凭证必有、凭证必无、无限制等。

47．D 【解析】从会计软件的要求来看，企业所使用的会计科目的名称可以是汉字、英文字母、数字等符号，但不能为空。

48．A 【解析】用于定义该会计科目在账簿打印时的默认打印格式。

49．B 【解析】辅助核算一般设置在末级科目上。

50．C 【解析】如果有数量核算，则需设定数量计量单位。

二、多项选择题（每题的备选项中，有两个或两个以上符合题意的正确答案。多选、少选、错选、不选均不得分）

1. ABC 【解析】工资管理系统是针对企业内部人员工资管理而设计的功能模块，不涉及客户的设置。

2. ABCD 【解析】工资核算模块日常账务处理的内容包括：①录入变动的基础工资数据；②输入变动工资数据；③工资计算；④工资汇总；⑤计算所得税，进行扣缴处理；⑥工资分配和转账；⑦工资报表查询和输出。

3. ACD 【解析】本题考核工资建账的主要内容。

4. BCD 【解析】机内总分类账与机内明细账不一致，会计凭证未全部登账，存在未经审核的记账凭证等情况下，会计软件当期不能结账。银行对账不一致时是可以结账的。故选BCD。

5. ACD 【解析】本题考核结账前检查的工作，除选项B外，这些工作需要全部通过才能够进行结账操作。

6. AC 【解析】结账只有在每月月末进行一次。

7. ABC 【解析】本题考核结账前检查的工作，这些工作需要全部通过才能够进行结账操作。

8. ABD 【解析】如果企业是年中建账，则应输入建账月份的期初余额和年初到此时的借贷方累计发生额，系统会自动倒算出年初余额。

9. ABC 【解析】会计凭证的填制是日常业务处理的内容。

10. ABCD 【解析】用友软件中，系统提供五种常用分类方式供用户选择：①记账凭证；②收款凭证、付款凭证、转账凭证；③现金凭证、银行凭证、转账凭证；④现金收款凭证、现金付款凭证；银行收款凭证、银行付款凭证、转账凭证；⑤自定义凭证类别。

11. BCD 【解析】辅助核算设置内容包括部门核算、个人往来核算、客户往来核算、供应商往来核算、项目核算5种专项核算功能供选择。

12. ABCD 【解析】电算化会计中的记账有以下特点：
①记账是一个功能按键，由计算机自动完成相关账簿登记；
②同时登记总账、明细账和日记账；
③各种会计账簿的数据都来源于记账凭证数据，记账只是对记账凭证做记账标记，不产生新的会计核算数据。

13. ABCD 【解析】完成报表初始化后，报表的日常使用主要有报表编制、报表汇总、报表查询和报表打印等。

14. BCD 【解析】本题考核折旧的影响因素。资产名称对折旧的计提没有影响。

15. ABCD 【解析】会计核算软件可以打印日常会计报表、科目余额表、现金、银行存款日记账和各期机内记账凭证。

16. ABC 【解析】会计软件的应用流程一般包括系统初始化、日常处理和期末处理等环节。

17. AB 【解析】通过设置权限，用户不能进行没有权限的操作，也不能查看没有权限的数据。

18. ACD 【解析】设置基础档案是后续进行具体核算、数据分类、数据汇总的基础。

19. AB 【解析】凭证类别限制条件和限制科目，两者组成凭证类别校验的标准。

20. BCD 【解析】辅助核算一般包括部门核算、个人往来核算、客户往来核算、供应商往来核算、项目核算等。

21. BD 【解析】负债类、权益类、收入类会计科目的余额方向为贷方。

22. ABCD 【解析】在账务处理模块中，常见的参数设置包括：凭证编号方式、是否允许操作人员修改他人凭证、凭证是否必须输入结算方式和结算号、现金流量科目是否必须输入现金流量项目、出纳凭证是否必须经过出纳签字、是否对资金及往来科目实行赤字提示等。

23. AB 【解析】凭证可以修改的内容一般包括摘要、科目、金额及方向等，A 选项错误；凭证类别、编号不能修改，B 选项错误。

24. ABCD 【解析】凭证录入的内容包括凭证类别、凭证编号、制单日期、附件张数、摘要、会计科目、发生金额、制单人等。

25. CD 【解析】会计软件应当提供不可逆的记账功能，A 选项错误；会计软件确保对同类已记账凭证的连续编号，B 选项错误。

26. BC 【解析】审核凭证是指审核人员按照国家统一会计准则制度规定，对于完成制单的记账凭证的正确性、合规合法性等进行检查核对。

27. BCD 【解析】审核凭证是指审核人员按照国家统一会计准则制度规定，对于完成制单的记账凭证的正确性、合规合法性等进行检查核对，审核记账凭证的内容、金额是否与原始凭证相符，记账凭证的编制是否符合规定，所附单据是否真实、完整等。

28. BCD 【解析】在会计软件中，记账是指由具有记账权限的人员，通过记账功能发出指令，由计算机按照会计软件预先设计的记账程序自动进行合法性校验、科目汇总、登记账目等操作。

29. ABC 【解析】记账的操作控制：①期初余额不平衡，不能记账；②上月未记账，本月不可记账；③未被审核的凭证不能记账；④一个月可以一天记一次账，也可以一天记多次账，还可以多天记一次账；⑤记账过程中，不应人为终止记账。

30. ACD 【解析】出纳管理的主要工作包括：现金日记账、银行存款日记账和资金日报表的管理，支票管理，进行银行对账并输出银行存款余额调节表。

31. ABC 【解析】从银行新购置的空白支票登记的内容包括购置支票的银行账号、购置支票的支票规则、购置的支票类型、购置日期等。

32. ABC 【解析】会计人员应填制相关记账凭证，并填入待报销支票的相关信息，包括支票号、结算方式、签发日期、收款人名称、付款金额等。

33. ABC 【解析】在会计电算化环境下，系统提供自动对账功能，即系统根据用户设置的对账条件进行逐笔检查，对达到对账标准的记录进行勾对，未勾对的即为未达账项，D选项错误。

34. AD 【解析】在明细账查询窗口下，系统一般允许联查所选明细事项的记账凭证及联查总账。

35. ABD 【解析】多栏账可按照明细科目保存为不同名称的多栏账。

36. BC 【解析】出纳对资金日报表的管理包括查询、输出或打印资金日报表，提供当日借、贷金额合计和余额，以及发生的业务量等信息。

37. BC 【解析】自动转账定义是指对需要系统自动生成凭证的相关内容进行定义，A选项错误；自动生成的转账凭证同样要进行后续的审核、记账，D选项错误。

38. AB 【解析】在自动转账生成前，应该将本会计期间的全部经济业务填制记账凭证，并将所有未记账凭证审核记账。

39. BCD 【解析】在系统中事先进行自动转账定义，设置的内容一般包括：编号、凭证类别、摘要、发生会计科目、辅助项目、发生方向、发生额计算公式等。

40. AB 【解析】用户应该将所有未记账凭证审核记账后,再进行期间损益结转,C 选项错误;在操作时需要设置凭证类别,一般凭证类别为转账凭证,D 选项错误。

41. BC 【解析】启用会计期间是指固定资产管理模块开始使用的时间,A 选项错误;设置启用会计期间在第一次进入固定资产管理模块时进行,D 选项错误。

42. AB 【解析】设置折旧相关内容一般包括:是否计提折旧、折旧率小数位数等。

43. ABC 【解析】固定资产增加的方式主要有:直接购买、投资者投入、捐赠、盘盈、在建工程转入、融资租入等。

44. ABC 【解析】固定资产使用状况包括:在用、经营性出租、大修理停用、季节性停用、不需要和未使用。

45. ABCD 【解析】折旧方法通常包括:不提折旧、平均年限法、工作量法、年数总和法和双倍余额递减法等。

46. ACD 【解析】在初始使用固定资产模块时,应该录入当期期初(即为上期期末)的固定资产数据,作为后续固定资产核算和管理的起始基础,B 选项错误。

47. ACD 【解析】固定资产管理系统的日常业务处理主要包括固定资产变动(资产增减和资产变动)资料输入、计提折旧和账表输出等。原始卡片录入是初始设置的工作。故选 ACD。

48. AB 【解析】固定资产变动业务包括价值信息变更和非价值信息变更两部分内容。

49. ABD 【解析】企业一般可按人员、部门或时间等设置多个工资类别。

50. ABCD 【解析】初次录入固定资产原始卡片时,应将固定资产的原值、使用年限、残值(率)以及折旧计提方法等相关信息录入系统。

51. AC　【解析】通过应收冲应收将应收款业务在客户之间转入、转出，实现应收业务的调整，解决应收款业务在不同客户间入错户和合并户等问题，B 选项错误；通过应收冲应付，将应收款业务在客户和供应商之间进行转账，实现应收业务的调整，解决应收债权与应付债务的冲抵，D 选项错误。

52. BD　【解析】票据管理用来管理企业销售商品、提供劳务收到的银行承兑汇票或商业承兑汇票。

53. BC　【解析】应收账款查询包括单据查询和账表查询。

54. ABCD　【解析】定义单元属性包括设置单元类型及数据格式、数据类型、对齐方式、字型、字体、字号及颜色、边框样式等内容。

55. BC　【解析】审核公式由关系公式和提示信息组成。

三、判断题（正确的请在题后括号中画"√"，错误的请在题后括号中画"×"。不判断、判断错误的均不得分）

1. √

2. ×　【解析】会计科目名称用汉字、英文字母、数字等符号表示，但不能为空。

3. √

4. ×　【解析】如果在启动用友报表系统时未进行账套初始，则可通过执行命令"数据—账套初始"来进行账套初始操作。

5. ×　【解析】基础工资数据是指工资数据中每月固定不变的部分，录入后，以后可以根据情况进行修改。

6. √

7. ×　【解析】财务处理系统中，结账后不可以再录入本月的凭证。

8. √

9. × 【解析】结账应当按月连续,且每月只能进行一次。

10. √

11. √

12. × 【解析】企业可以按照本单位的需要对凭证进行分类,但凭证类别代码和名称不允许重复。

13. × 【解析】会计科目一经使用,其科目性质不能进行更改。

14. × 【解析】会计核算软件中设置的会计科目代码必须是唯一的。

15. × 【解析】未通过审核的凭证,不能进行记账。

16. √

17. √

18. √

19. √

20. × 【解析】往来账管理中,往来业务数据的传递是通过凭证经记账后自动传递的。

21. × 【解析】会计软件的应用流程一般包括系统初始化、日常处理和期末处理等环节。

22. √

23. √

24. × 【解析】设置编码方案是指设置具体的编码规则。

25. × 【解析】设置编码方案目的在于方便企业对基础数据的编码进行分级管理。

26. × 【解析】往来单位包括客户与供应商。

27. × 【解析】用户可以增加、删除币别。

28. √

29. × 【解析】用户可以选择一级会计科目所属的科目类型。

30. ×　【解析】辅助核算一般设置在末级科目上。

31. ×　【解析】凭证类别、编号不能修改。

32. √

33. √

34. ×　【解析】不得提供对已记账凭证的删除和插入功能。

35. √

36. ×　【解析】期初余额不平衡,不能记账。

37. √

38. ×　【解析】资金日报表以日为单位。

39. ×　【解析】发生金额相同是对账的基本条件,对于其他条件,用户可以根据需要自定义选择。

40. ×　【解析】除了自动对账外,系统一般还提供手工对账功能。特殊情况下,有些已达账项通过设置的对账条件系统无法识别,这就需要出纳人员通过人工识别进行勾对。

41. ×　【解析】用户可以在系统中查询余额调节表,但不能对其进行修改。

42. √

43. ×　【解析】只有对账正确,才能进行结账操作。

44. ×　【解析】启用会计期间是指固定资产管理模块开始使用的时间。

45. ×　【解析】所有针对单元的操作对组合单元同样有效。

46. √

47. ×　【解析】舍位平衡公式不是必须定义的。

48. √

49. ×　【解析】库存现金日记账、银行存款日记账需要每日打印。

50. ×　【解析】报表屏幕查询输出是最为常见的一种输出

方式。

四、实务操作题

（一）

打开"系统管理应用程序"→"系统"菜单→注册→用户名：admin（密码为空）→确定→点击"账套"菜单→建立→根据题目要求设置完毕。[账套信息→单位信息→核算类型→基础信息→业务流程（默认）→完成→是→分类编码方案（4221）→确认→数据精度定义（默认）→确认→确定→是→勾选"购销存管理"系统→选择时间→确定→退出]

（二）

1. 增加操作员。

"系统管理"→"权限"→"操作员"→"增加"，根据要求输入相关信息即可。

2. 设置权限。

"系统管理"→"权限"→"权限"→"增加"，根据要求输入相关信息即可。

（三）

1. 单击"打开财务应用程序"，输入用户名，选择账套，选择操作日期→确定→基础设置→财务→会计科目→增加→输入内容→确定→退出。

2. 基础设置→往来单位→供应商档案→点"增加"→输入内容→保存→退出。

3. 基础设置→财务→凭证类别，选择类别→确定→设置凭证限制→退出。

4. 基础设置→财务→外币种类→增加→输入币符币名→确定，在2014.01的记账汇率输入7.5→退出。

5. 总账→凭证→填制凭证→直接修改内容→保存→退出。

（四）

1. 注册→点击"打开考生文件夹"→双击"资产负债表 7.rep"→编辑→追加→表页→确认（默认 1 张）→点击"数据"菜单→关键字→录入→确认→是→"文件"菜单→退出。

2. 注册→点击"打开考生文件夹"→双击"利润表 6.rep"→选定 A1 单元格→切换模式（左下角）→"格式"菜单→行高：9→确认→格式→单元属性→字体图案→字体：黑体→字号：14→点击"对齐"页签→确定→保存→退出。

3. 点击"文件"菜单→打开→选择"利润表 4.rep"→切换模式→"格式"菜单→表尺寸→输入行数：16，列数：4→确认→选定"A3：C15"区域→"格式"菜单→区域画线→"画线类型"：网线→样式：第 4 条→确认→保存→退出。

4. 文件→打开→"资产负债表 14.rep"→选定单元格 A2→切换模式→点击"数据"菜单→关键字→设置→分 3 次设置："年，月，日"→数据→关键字→偏移→输入：−140，−110，−80→确定→保存。

（五）

1. 重新注册→"工资"菜单→工资类别→打开工资类别→正式员工 2→确认→"工资"菜单→统计分析→账表→纳税所得申报表→退出。

2. "工资"菜单→工资类别→新建工资类别（如不见则关闭）→名称：临时人员 1→下一步→勾选"生产部"（展开临时人员 1）→勾选：选定下级部门→完成→是。

3. "工资"菜单→工资类别→打开工资类别→正式人员 2→确认→"工资"菜单→设置→工资项目设置→养老保险→公式定义框内输入：基本工资 * 0.08→公式确认→确认。

4. "工资"菜单→工资类别→打开工资类别→正式员工 1→确认→"工资"菜单→业务处理→工资变动→李小方:事假天数:5→退出→是。

5. "工资"菜单→工资类别→打开工资类别→正式人员 1→确认→"工资"菜单→业务处理→工资分摊→工资分摊设置→增加→计提类别名称:应付工资 1→下一步→完成→点击:应付工资 1→返回→点击"采购部"→确定→退出。

(六)

1. 注册→"固定资产"菜单→账表→我的账表→分析表→双击"固定资产使用状况分析表"→确定→退出。

2. 固定资产→账表→我的账表→折旧表→部门折旧计提汇总表→确定→退出。

3. 固定资产→账表→我的账表→统计表→固定资产统计表→确定→退出。

4. 固定资产→账表→我的账表→账簿→(单个)固定资产明细账→类别名称:电子设备→确认→确定→退出。

5. 固定资产→资产变动→原值增加→卡片编号:00005(点击"卡片编号"查询)→增加金额:10 000→变动原因:增加配件→保存。

(七)

1. 重新注册→点击"采购"菜单→供应商往来账表→供应商往来余额表→确认→退出。

2. 销售→客户往来账表→客户对账单→确认→退出。

3. 销售→客户往来账表→业务账龄分析→确定→退出。

第四章 电子表格软件在会计中的应用

【考情分析】

本章主要介绍了 Excel 软件在会计日常工作中的使用。在学习中，大家要重点掌握 Excel 数据输入与编辑、Excel 的公式及其运用、Excel 常用函数的使用、数据清单的设计要求、记录单的使用、Excel 的数据排序、筛选与分类汇总、数据透视表创建与设置等内容。

【知识结构图示】

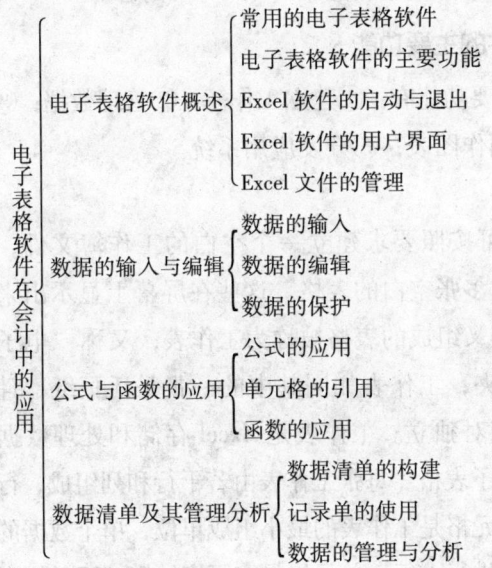

【本章知识要点】

第一节 电子表格软件概述

一、常用的电子表格软件

电子表格，又称电子数据表，是指由特定软件制作而成的，用于模拟纸上计算的由横竖线条交叉组成的表格。

Windows 操作系统下常用的电子表格软件主要有微软的 Excel、金山 WPS 电子表格等；Mac 操作系统下则有苹果的 Numbers，该软件同时可用于 iPad 等手持设备。此外，还有专业电子表格软件如 Lotus Notes、第三方电子表格软件如 Formula One 等。

微软的 Excel 软件（以下简称 Excel）是美国微软公司研制的办公自动化软件 Office 的重要组成部分，目前已经广泛应用于会计、统计、金融、财经、管理等众多领域。考虑到其操作简单直观、应用范围广泛、用户众多且与其他电子表格软件具有很好的兼容性，未特别说明时，本大纲主要介绍 Excel 有关内容。

二、电子表格软件的主要功能

电子表格软件的主要功能有：①建立工作簿；②管理数据；③实现数据网上共享；④制作图表；⑤开发应用系统。

（一）建立工作簿

Excel 启动后，即可按照要求建立一个空白的工作簿文件，每个工作簿中含有一张或多张空白的表格。这些在屏幕上显示出来的默认由灰色横竖线条交叉组成的表格被称为工作表，又称"电子表格"。工作簿如同活页夹，工作表如同其中的一张张活页纸，且各张工作表之间的内容相对独立。工作表是 Excel 存储和处理数据的最重要的部分，也称电子表格。每张工作表由若干行和列组成，行和列交叉形成单元格。单元格是工作表的最小组成单位，单个数据的输入和修改都在单元格中进行，每一单元格最多可容纳 32 000 个字符。

在 Excel 2003 中，每个工作簿默认含有 3 张工作表，每张工作表由 65 536 行和 256 列组成；在 Excel 2013 中，每个工作簿默认含有 1 张工作表，该工作表由 1 048 576 行和 16 384 列组成。默认的工作表不够用时，可以根据需要予以适当添加。每个工作簿含有工作表的张数受到计算机内存大小的限制。

（二）管理数据

用户通过 Excel 不仅可以直接在工作表的相关单元格中输入、存储数据，编制销量统计表、科目汇总表、试算平衡表、资产负债表、利润表以及大多数数据处理业务所需的表格，而且可以利用计算机，自动、快速地对工作表中的数据进行检索、排序、筛选、分类、汇总等操作，还可以运用运算公式和内置函数，对数据进行复杂的运算和分析。

（三）实现数据网上共享

通过 Excel，用户可以创建超级链接，获取局域网或互联网上的共享数据，也可将自己的工作簿设置成共享文件，保存在互联网的共享网站中，让世界上任何位置的互联网用户共享工作簿文件。

（四）制作图表

Excel 提供了散点图、柱形图、饼图、条形图、面积图、折线图、气泡图、三维图等 14 类 100 多种基本图表。Excel 不仅能够利用图表向导方便、灵活地制作图表，而且可以很容易地将同一组数据改变成不同类型的图表，以便直观地展示数据之间的复杂关系；不仅能够任意编辑图表中的标题、坐标轴、网络线、图例、数据标志、背景等各种对象，而且可以在图表中添加文字、图形、图像和声音等，使精心设计的图表更具说服力。

（五）开发应用系统

Excel 自带 VBA 宏语言，用户可以根据这些宏语言，自行编写和开发一些满足自身管理需要的应用系统，有效运用和扩大 Excel 的功能。

三、Excel 软件的启动与退出

（一）Excel 软件的启动

通常可以采用下列方法启动 Excel 软件：

1. 点击"开始"菜单中列示的 Excel 快捷命令

通过"开始"菜单可启动 Excel 软件,同时建立一个新的文档,该文档在 Excel 软件中被默认为工作簿。启动 Excel 后建立的第一个空白工作簿的缺省名和扩展名,在 Excel 2003 中分别默认为"Book1"和".xls"(在 Excel 2013 中则分别为"工作簿 1"和".xlsx"),但也可以另存为其他名字和类型的文件。

【经典例题·单选】Excel 的缺省工作簿名称是(   )。
A. 文档1   B. Sheet1   C. Book1   D. Doc1
【答案】C
【解析】启动 Excel 后建立的第一个空白工作簿的缺省名默认为"Book1"。

2. 点击桌面或任务栏中 Excel 的快捷方式图标

这种方法的前提是桌面或任务栏中已经创建 Excel 快捷方式图标。

3. 通过"运行"对话框启动 Excel 软件

相关操作完成后,Excel 启动,同时建立一个新的空白工作簿。

4. 打开现成的 Excel 文件

直接点击现成的 Excel 文件,通过打开该文件来启动 Excel 软件。

(二) Excel 软件的退出

通常可以采用下列方法退出 Excel 软件:

1. 点击标题栏最右边的关闭按钮

点击标题栏最右边的关闭按钮"×"后,Excel 软件将被退出。

2. 点击"关闭窗口"或"关闭所有窗口"命令

右键单击任务栏中的 Excel 图标,打开菜单选项,点击"关闭窗口"命令可退出 Excel 文件。文件被关闭后,Excel 软件也随之退出。

3. 按击快捷键"Alt+F4"

按击"Alt+F4"键后,Excel软件将被退出。

以上三种方法操作时,如果退出前有编辑的内容未被保存,将出现提示是否保存的对话框。

需注意的是:以上操作方法均指的是当前只有一个工作簿的情形,如果当前有多个工作簿文件在运行,以上操作方法执行的结果将是光标所在的文件被关闭,其他处于打开状态的 Excel 文件仍在运行,Excel 软件并未退出。只有这些文件均被关闭后,Excel 软件才能退出。

四、Excel 软件的用户界面

Excel 软件启动后,通常会建立一个新的空白工作簿或者打开一个现有的工作簿,并在屏幕上呈现一个最大化的工作簿窗口(以下简称窗口)。这一窗口是用户操作 Excel 软件的重要平台,被称为默认的用户界面。

Excel 软件的默认用户界面因版本不同而有所区别。其中,Excel 2003 及以下版本的默认用户界面基本相同,由标题栏、菜单栏、工具栏、编辑区、工作表区、状态栏和任务窗格等要素组成;Excel 2007 及以上版本的默认用户界面基本相同,主要由功能区、编辑区、工作表区和状态栏等要素组成。

(一)标题栏

标题栏位于窗口的最上方,依次列示 Excel 软件的图标、文档的标题和控制 Excel 窗口的按钮。

(二)菜单栏

Excel 2003 的菜单栏默认位于标题栏的下方,但可移动到窗口的其他适当位置,包含"文件""编辑""视图""插入""格式""工具""数据""窗口"和"帮助"9 个默认的菜单项,包括 Excel 的全部操作命令,每一菜单项分别含有对工作表进行操作的一组功能相关的命令选项。命令后面带有"…"的,表示选择了这一命令后将打开该命令的对话框;命令后面带有"?"的,表示该选项后面带有一个子菜单。

(三) 工具栏

工具栏默认位于菜单栏的下方,但可移动到窗口的其他适当位置,它由一系列与菜单选项命令具有相同功能的按钮组成。每个按钮代表一个命令,能更加快捷地完成相应的操作。

用户不仅可以自行设定工具栏的显示、隐藏及其在窗口中的位置,而且可以自行设定工具栏中的按钮及其在工具栏中的位置。

(四) 编辑区

编辑区默认位于工具栏的下方,由名称框、取消输入按钮、确认输入按钮、插入函数按钮和编辑栏构成,用来显示当前单元格的名字和当前单元格的内容、取消或确认本次输入的数据或公式。

(五) 工作表区

工作表区默认位于编辑区的下方,是 Excel 文件用于存储和处理数据的专门区域,由工作表、工作表标签、标签滚动按钮、滚动条和滚动条按钮、列和列号、行和行号、全选按钮、单元格等要素组成。

(六) 状态栏

状态栏默认位于窗口底部,可以显示各种状态信息,如单元格模式、功能键的开关状态等。

(七) 任务窗格

任务窗格默认位于 Excel 窗口的右边,但可移动到窗口的其他适当位置,用于集中放置最常用的功能和快捷方式,具体包括"开始工作""帮助""搜索结果""剪贴画""信息检索""剪贴板""新建工作簿""模板帮助""共享工作区""文档更新"和"XML

源"11个任务窗格。

（八）功能区

功能区是由一系列在功能上具有较强相关性的组和命令所形成的区域，各功能区的主要功能由相应的选项卡标签予以标识，用户可以根据需要完成的操作，快速找到和调用包含当前所需命令的功能区。

Excel 2013 默认的选项卡标签有"开始""插入""页面布局""公式""数据""审阅""视图""开发工具"，排列在标题栏的下方。此外，用户还可以通过"自定义功能区"自定义选项卡。单击任一选项卡标签，其下方将出现一个以平铺方式展开的"带形功能区"，它由若干个功能相关的组和命令所组成。

功能区的优势主要在于，它将通常需要使用菜单、工具栏、任务窗格和其他用户界面组件才能显示的任务或入口点集中在一起，便于在同一位置查找和调用功能相关的命令。

【经典例题·多选】下列哪些命令属于 Excel 2013 中"数据"功能区？（　　）

A. 合并计算　　　　　　B. 分类汇总
C. 排序　　　　　　　　D. 保护工作表

【答案】ABC

【解析】保护工作表属于"审阅"功能分区。

五、Excel 文件的管理

Excel 文件的管理主要包括新建、保存、关闭、打开、保密、备份、修改与删除等工作。

（一）Excel 文件的新建与保存

1. Excel 文件的新建

单击"开始"菜单中列示的 Excel 快捷命令、桌面或任务栏中

Excel 的快捷方式图标或者通过"运行"对话框等方式启动 Excel 软件的,系统将自动建立一个新的空白工作簿,或者提供一系列模板以供选择,选定其中的空白工作簿模板后,新的空白工作簿窗口将在屏幕上呈现出来,并在标题栏中显示默认的文件名。

以打开现成 Excel 文件方式启动 Excel 软件的,可通过以下方法之一建立一个新的空白工作簿:①按击快捷键"Ctrl + N"键;②打开"文件"菜单,点击"新建"菜单命令,选定其中的空白工作簿模板;③点击工具栏中的"新建"按钮(Excel 2003 为常用工具栏,Excel 2013 为快速访问工具栏)。

2．Excel 文件的保存

为了继续使用新建的 Excel 文件,应当以合适的名称和类型将 Excel 文件保存在适当的位置。Excel 文件在编辑修改完毕或退出 Excel 软件之前,均应进行保存。保存 Excel 文件的常用方法包括:

(1) 通过敲击功能键"F12"键进行保存。

(2) 通过按击快捷键"Ctrl + S"键进行保存。对于之前已经保存过的文件,按击快捷键"Ctrl + S"键后,将直接保存最近一次的修改,不再弹出"另存为"对话框。

(3) 通过单击常用工具栏(适用于 Excel 2003)或快速访问工具栏(适用于 Excel 2013)中的"保存"或"另存为"按钮进行保存。

(4) 通过"文件"菜单(或 Excel 2003"工具栏"菜单)中的"保存"或"另存为"命令进行保存。

为了避免 Excel 软件意外中止而丢失大量尚未保存的信息,系统通常会默认保存自动恢复信息的时间间隔,这一时间间隔还可以自定义。

(二) Excel 文件的关闭与打开

1．Excel 文件的关闭

Excel 软件退出前必须关闭打开的文件,因此,也可以采用前述三种 Excel 软件的退出方法来关闭处于打开状态的文件。此外，还可采用以下方法来关闭处于打开状态的 Excel 文件：

（1）点击"工具栏"中的"关闭"按钮或命令。

Excel 2013 中由于没有"工具栏"菜单，但可点击快速访问工具栏中的"关闭"按钮。

（2）点击"文件"菜单中的"关闭"命令。

（3）按击快捷键"Ctrl + F4"。

上述三种方法关闭的均是当前文件，其他处于打开状态的 Excel 文件仍处于打开状态，Excel 软件仍在运行，并可通过按击"Ctrl + N"键等方式创建新工作簿。

2. Excel 文件的打开

打开 Excel 文件的方法主要有：

（1）通过直接点击 Excel 文件打开。

（2）通过快捷菜单中"打开"命令打开。

（3）通过 Excel "文件"菜单中的"打开"命令进行打开。

（4）通过常用工具栏（适用于 Excel 2003）或快速访问工具栏（适用于 Excel 2013）中的"打开"按钮进行打开。

（5）通过按击快捷键"Ctrl + O"（字母 O 的按键）进行打开。

（三）Excel 文件的保密与备份

1. Excel 文件的保密

对于设置了打开权限密码的 Excel 文件，只有输入正确的密码才能打开。对于设置了修改权限密码的 Excel 文件，只有输入正确的密码才能修改，否则只能以只读方式打开。

2. Excel 文件的备份

Excel 软件根据原文件自动创建备份文件的名称为原文件名后加上"的备份"字样，图标与原文件不同。

（四）Excel 文件的修改与删除

1. Excel 文件的修改

Excel 文件的修改通常在已打开的 Excel 文件中进行，包括修改单元格内容、增删单元格和行列、调整单元格和行列的顺序、增删工作表和调整工作表顺序等。

【经典例题·多选】在单元格上右键单击选择"删除"选项，弹出的对话框有（　　）。

A. 右侧单元格左移　　　　　　B. 删除整行

C. 删除整列　　　　　　　　　D. 下方单元格上移

【答案】ABCD

【解析】在单元格上右键单击选择"删除"选项，弹出的对话框有右侧单元格左移、下方单元格上移、删除整行和删除整列。

2. Excel 文件的删除

Excel 文件的删除方法包括：

（1）选中要删除的 Excel 文件，按击"Delete"键进行删除。

（2）鼠标右键点击要删除的 Excel 文件，选择删除命令。

第二节　数据的输入与编辑

一、数据的输入

（一）数据的手工录入

Excel 中，数据的输入和修改都在当前单元格或者对应的编辑栏中进行。Excel 文件打开后，所有单元格均默认处于就绪状态，等待数据的输入。

1. 在单个单元格中录入数据

选定目标单元格，录入所需的数字或文本。

2. 在单张工作表的多个单元格中快速录入完全相同的数据

选定单元格区域，在当前活动单元格或者对应的编辑栏中录入所需的数字或文本,通过组合键"Ctrl+Enter"确认录入的内容。

3. 在单张工作表的多个单元格中快速录入部分相同的数据

相关设置完成后,在相应的单元格输入数据时,只需要输入不重复的数字部分,系统会在输入的数字前自动加上重复部分。

4. 在工作组的一个单元格或多个单元格中快速录入相同的数据

可将工作簿中多张工作表组合成工作组。在目标单元格,如同按照在单个单元格中录入数据的方法录入相关数据;在一个单元格区域,如同按照在单张工作表的多个单元格中录入相同数据的方法录入相关数据。完成数据录入后,可采用以下方法取消工作组:

(1)单击所在工作簿中其他未被选中的工作表标签(即组外工作表标签),如果该工作组包含工作簿中的所有工作表,则只需单击活动工作表以外的任意一个工作表标签;

(2)指向该工作簿任意一个工作表标签,单击右键,从弹出的快捷菜单中选定"取消成组工作表"。

(二)单元格数据的快速填充

1. 相同数据的填充

某单元格的内容需要复制到其他单元格时,通常可点击该单元格右下角的填充柄,鼠标箭头随之变为黑十字形,按住鼠标左键向上下左右的任一方向拖动,然后松开鼠标左键,该单元格的内容即被填充到相关单元格。

2. 序列的填充

序列是指按照某种规律排列的一列数据,如等差数列、等比数列等。使用填充柄可自动根据已填入的数据填充序列的其他数据。使用填充序列的操作步骤是:

(1)在需要输入序列的第一个单元格中输入序列第一个数或文本内容,紧接第二个单元格输入序列第二个数或文本内容;

(2) 选中上述两个单元格,点击第二个单元格右下角的填充柄,按住鼠标左键拖动,在适当的位置释放鼠标,拖过的单元格将会自动进行填充。

3. 填充序列类型的指定

利用自动填充功能填充序列后,可以指定序列类型,如填充日期值时,可以指定按月填充、按年填充或者按日填充等。

拖动填充柄并释放鼠标时,鼠标箭头附近出现"自动填充选项"按钮,单击该按钮打开下拉菜单以选择填充序列的类型。

(三) 导入其他数据库的数据

Excel 可以获取 SQL Server、Access 等数据库的数据,实现与小型数据库管理系统的交互。

二、数据的编辑

(一) 数据的复制和剪切

1. 数据的复制和粘贴

Excel 中,可以使用"粘贴"命令粘贴复制的内容,还可以使用"选择性粘贴"命令有选择地粘贴剪贴板中的数值、格式、公式、批注等内容。

2. 数据的剪切与粘贴

数据的剪切与复制不同。数据复制后,原单元格中的数据仍然存在,目标单元格中同时还增加原单元格中的数据;数据剪切后,原单元格中数据不复存在,只在目标单元格中增加原单元格中的数据。

(二) 数据的查找和替换

1. 查找和替换特定数据

如果只需要查找,单击"查找下一个"逐个查找或单击"查找全部"一次性全文查找;如果需要替换,单击"替换"逐个替换或单击"全部替换"一次性全部替换。

2．选中包含公式的单元格

依次单击"编辑""查找和选择""公式"，选中工作簿中所有包含公式的单元格。

3．替换格式

进行相应格式设置后单击确定回到"查找与替换"对话框，单击"全部替换"即完成对内容和格式的批量替换。

三、数据的保护

（一）保护工作簿

Excel可以为重要的工作簿设置保护，限制进行相应的操作。

1．限制编辑权限

工作簿被保护后所有的操作都不可进行。如果要撤销保护工作簿，按设置保护工作簿的路径选择"保护工作簿"，输入正确的密码后可撤销保护。

2．设置工作簿打开权限密码

设置密码完成后，当再次打开工作簿时需要输入正确的密码才能打开。

（二）保护工作表

在Excel 2013中，可以对工作表进行编辑权限设定，限制他人对工作表的编辑权限，如插入行、插入列等。取消权限保护需输入正确的密码。

如果要撤销保护工作表，按设置保护工作簿的路径选择"保护工作表"，正确输入取消工作表保护时使用的密码后可撤销保护。

（三）锁定单元格

锁定单元格可以使单元格的内容不能被修改，使用"锁定单元格"功能必须启用保护工作表功能。

【经典例题·判断】在 Excel 中,单击某行号可以选择整行。( )

【答案】√

第三节 公式与函数的应用

一、公式的应用

(一) 公式的概念及其构成

公式是指由等号"="、运算体和运算符在单元格中按特定顺序连接而成的运算表达式。运算体是指能够运算的数据或者数据所在单元格的地址名称、函数等;运算符是使 Excel 自动执行特定运算的符号。Excel 中,运算符主要有四种类型:算术运算符、比较运算符、文本运算符和引用运算符。

Excel 中,公式总是以等号"="开始,以运算体结束,相邻的两个运算体之间必须使用能够正确表达二者运算关系的运算符进行连接。即公式的完整表达式按以下方式依次构成:等号"="、第一个运算体、第一个运算符、第二个运算体,依次类推,直至最后一个运算体。

(二) 公式的创建与修改

1. 公式的创建

Excel 中,创建公式的方式包括手动输入和移动点击输入。

手动输入公式时如有小圆括号,应注意其位置是否适当以及左括号是否与右括号相匹配。

当输入的公式中含有其他单元格的数值时,为了避免重复输入费时甚至出错,还可以通过移动鼠标去单击拟输入数值所在单元格的地址(即引用单元格的数值)来创建公式。

移动点击输入数值所在单元格的地址后,单元格将处于"数据点模式"。

2．公式的编辑和修改

公式编辑和修改的方法有：

（1）双击公式所在的单元格直接在单元格内修改内容。

（2）选中公式所在的单元格，按下"F2"键后直接在单元格内更改内容。

（3）选中公式所在的单元格后单击公式编辑栏，在公式编辑栏中作相应更改。

需注意的是，在编辑或者移动点击输入公式时，不能随便移动方向键或者单击公式所在单元格以外的单元格，否则单元格内光标移动之前的位置将自动输入所移至单元格的地址名称。

【经典例题·多选】下列关于Excel公式创建与修改说法不正确的有（　　）。

A. 可以选中公式所在的单元格，按下"F2"键后直接在单元格内修改内容

B. 当输入的公式中含有其他单元格的数值时，为了避免重复输入费时甚至出错，可引用单元格数值来创建公式

C. 在编辑或者移动点击输入公式时，可以移动方向键

D. 手工输入公式时，在其对应的编辑框中无需输入"="

【答案】CD

【解析】选项C，在编辑或者移动点击输入公式时，不能随便移动方向键或者单击公式所在单元格以外的单元格，否则单元格内光标移动之前的位置将自动输入所移至单元格的地址名称；选项D，手工输入公式时，应在其对应的编辑框中输入"="。

（三）公式的运算次序

对于只由一个运算符或者多个优先级次相同的运算符（如既有加号又有减号）构成的公式，Excel将按照从左到右的顺序自动进行智能运算；但对于由多个优先级次不同的运算符构成的公式，

Excel 则将自动按照公式中运算符优先级次从高到低进行智能运算。

为了改变运算优先顺序，应将公式中需要最先计算的部分使用一对左右小圆括号括起来，但不能使用中括号。公式中左右小圆括号的对数超过一对时，Excel 将自动按照从内向外的顺序进行计算。

（四）公式运算结果的显示

Excel 根据公式自动进行智能运算的结果默认显示在该公式所在的单元格里，编辑栏则相应显示公式表达式的完整内容。该单元格处于编辑状态时，单元格也将显示等号"＝"及其运算体和运算符，与所对应编辑栏显示的内容相一致。

1. 查看公式中某步骤的运算结果

单元格中默认显示的运算结果是根据完整的公式表达式进行运算的结果，但可通过下述方法查看公式中某步骤的运算结果：

（1）选中公式所在的单元格，双击或按"F2"键进入编辑状态。

（2）选中公式中需要查看其运算结果的运算体和运算符，按"F9"键后，被选中的内容将转化为运算结果，该运算结果同时处于被选中状态。

在运算结果处于被选中状态下，如果按下确认键或者移动光标键，公式中参与运算的运算体和运算符将不复存在，而被该结果所替代；如果移动鼠标去点击其他单元格，公式所在单元格将由编辑状态切换成数据点状态，公式所在单元格里同时显示被选中单元格的地址或名称。

（3）按下"Esc"键或者"Ctrl＋Z"组合键（或单击"撤销"按钮），运算结果将恢复为公式表达式的原来内容。

2. 公式默认显示方式的改变

为了检查公式整体或者其中某一组成部分的表述是否正确，可以通过下述方法使单元格默认显示完整的公式表达式，实现公式表达式与运算结果之间的便捷切换。

（1）在单元格显示运行结果时，选中单元格，按下"Ctrl+`"组合键或者点击"显示公式"（适用于 Excel 2013）菜单命令，可切换为显示公式内容。

（2）在单元格显示公式内容时，选中单元格，按下"Ctrl+`"组合键或者点击"显示公式"（适用于 Excel 2013）菜单命令，或者点击"公式审核模式"（适用于 Excel 2003）菜单命令，可切换为显示运行结果。

3．将公式运算结果转换为数值

采用复制粘贴的方法将公式原地复制后，进行选择性粘贴，但只粘贴数值。

二、单元格的引用

单元格引用是指在不同单元格之间建立链接，以引用来自其他单元格的数据。引用的作用在于标识工作表上的单元格或单元格区域，并指明公式中所使用的数据的位置。

通过引用，可以在公式中使用工作表不同部分的数据，或者在多个公式中使用同一单元格的数值，常用的单元格引用分为相对引用、绝对引用和混合引用三种。此外，还可以引用同一工作簿不同工作表的单元格、不同工作簿的单元格甚至其他应用程序中的数据。

（一）引用的类型

1．相对引用

如果公式使用的是相对引用，公式记忆的是源数据所在单元格与引用源数据的单元格的相对位置，当复制使用了相对引用的公式到别的单元格式，被粘贴公式中的引用将自动更新，数据源将指向与当前公式所在单元格位置相对应的单元格。在相对引用中，所引用的单元格地址的列坐标和行坐标前面没有任何标示符号。Excel默认使用的单元格引用是相对引用。

2．绝对引用

如果公式使用的是绝对引用，公式记忆的是源数据所在单元格在工作表中的绝对位置，当复制使用了绝对引用的公式到别的单元格式，被粘贴公式中的引用不会更新，数据源仍然指向原来的单元格。在绝对引用中，所引用的单元格地址的列坐标和行坐标前面分别加入标示符号"＄"。如果要使复制公式时数据源的位置不发生改变，应当使用绝对引用。

3．混合引用

混合引用是指所引用单元格地址的行标与列标中只有一个是相对的，可以发生变动，而另一个是绝对的。

（二）输入单元格引用

在公式中可以直接输入单元格的地址引用单元格，也可以使用鼠标或键盘的方向键选择单元格。单元格地址输入后，通常使用以下两种方法来改变引用的类型：

（1）在单元格地址的列标和行标前直接输入"＄"符号。

（2）输入完单元格地址后，重复按"F4"键选择合适的引用类型。

【经典例题·多选】公式"＝AVERAGE9（B3：C9）"可以改变引用类型的方法有（　　）。

A．在公式编辑栏手工输入"＄"

B．按"F4"键切换引用类型

C．在公式编辑栏手工输入"￥"

D．按"F9"键切换引用类型

【答案】AB

【解析】通常使用以下两种方法来改变引用的类型：①在单元

格地址的列标和行标前直接输入"＄"符号。②输入完单元格地址后，重复按"F4"键选择合适的引用类型。故选 AB。

（三）跨工作表单元格引用

跨工作表单元格引用是指引用同一工作簿里其他工作表中的单元格，又称三维引用，需要按照以下格式进行跨表引用：

工作表名！数据源所在单元格地址

（四）跨工作簿单元格引用

跨工作簿单元格引用是指引用其他工作簿中的单元格，又称外部引用，需要按照以下格式进行跨工作簿引用：［工作簿名］工作表名！数据源所在单元格地址

三、函数的应用

在 Excel 中，利用函数可以快速执行有关计算。

函数的基本格式是：函数名（参数序列）。参数序列是用于限定函数运算的各个参数，这些参数除中文外都必须使用英文半角字符。函数只能出现在公式中。

（一）常用函数

1．统计函数

（1）MAX。MAX（number1，number2，…）用于返回数值参数中的最大值，忽略参数中的逻辑值和文本。

（2）MIN。MIN（number1，number2，…）用于返回数值参数中的最小值，忽略参数中的逻辑值和文本。

（3）SUM。SUM（number1，number2，…）用于计算单元格区域中所有数值的和。

（4）SUMIF。SUMIF（range，criteria，sum_range）用于对满足条件的单元格求和。

（5）AVERAGE。AVERAGE（number1，number2，…）用于

返回参数的算术平均值。

（6）AVERAGEIF。AVERAGEIF（range，criteria，average_range）用于返回某个区域内满足给定条件的所有单元格的算术平均值。

（7）COUNT。COUNT（value1，value2，…）用于计算包含数字的单元格以及参数列表中数字的个数。

（8）COUNTIF。COUNTIF（range，criteria）用于对区域中满足单个指定条件的单元格进行计数。

2．文本函数

（1）LEN。LEN（text）用于返回文本字符串中的字符数。

（2）RIGHT。RIGHT（text，num_chars）用于从文本字符串中最后一个字符开始返回指定个数的字符。

（3）MID。MID（text，start_num，num_chars）用于返回文本字符串中从指定位置开始的指定数目的字符。

（4）LEFT。LEFT（text，num_chars）用于返回文本字符串中第一个字符开始至指定个数的字符。

3．逻辑函数 IF

IF（logical_test，value_if_true，value_if_false）用于判断"logical_test"的内容是否为真。如果为真则返回"value_if_true"；如果为假则返回"value_if_false"的内容。

4．查找与引用函数

（1）LOOKUP。LOOKUP 函数用于返回向量（单行区域或单列区域）或数组中的数值。它具有两种语法形式：向量形式和数组形式。向量形式：LOOKUP（lookup_value，lookup_vector，result_vector）用于在单行区域或单列区域（称为"向量"）中查找值，然后返回第二个单行区域或单列区域中相同位置的值。

数组形式：LOOKUP（lookup_value，array）用于在数组的第

一行或第一列中查找指定的值，并返回数组最后一行或最后一列内同一位置的值。数组是指用于建立可生成多个结果或可对在行和列中排列的一组参数进行运算的单个公式。数组区域共用一个公式；数组常量是用作参数的一组常量。

（2）INDEX。INDEX（array，row_num，column_num）用于返回表格或数组中的元素值，此元素由行号和列号的索引值给定。

（3）MATCH。MATCH（lookup_value，lookup_array，match_type）用于在单元格区域中搜索指定项，然后返回该项在单元格区域中的相对位置。

5．日期与时间函数

（1）YEAR。YEAR（serial_number）用于返回某日期对应的年份。

（2）MONTH。MONTH（serial_number）用于返回某日期对应的月份，介于1到12之间。

（3）DAY。DAY（serial_number）用于返回某日期对应的天数，介于1到31之间。

（4）NOW。NOW（ ）用于返回当前的日期和时间。

（二）基本财务函数

1．SLN

SLN（cost，salvage，life）用于返回某项资产以直线法计提的每一期的折旧值。

cost是必需参数，指固定资产原值。salvage是必需参数，指固定资产的残值。life是必需参数，指固定资产的折旧期数。

2．DDB

DDB（cost，salvage，life，period，factor）用于使用双倍余额递减法或其他指定的方法，计算一项固定资产在给定期间内的折旧值。

cost 是必需参数，指固定资产原值。salvage 是必需参数，指固定资产的残值。life 是必需参数，指固定资产的折旧期数。period 是必需参数，指需要计算折旧值的期间。period 必须使用与 life 相同的单位。factor 是可选参数，指余额递减速率。如果 factor 被省略，则默认为 2，即使用双倍余额递减法。

3. SYD

SYD（cost，salvage，life，per）用于返回某项资产按年数总和折旧法计算的在第"per"期的折旧值。

cost 是必需参数，指固定资产原值。salvage 是必需参数，指固定资产的残值。life 是必需参数，指固定资产的折旧期数。per 是必需参数，指第几期，其单位必须与 life 相同。

【经典例题·单选】在 Excel 中，常用函数 AVERAGEIF 表示（　　）。

A. 用于返回参数的算术平均值

B. 用于计算单元格区域中所有数值的和

C. 用于返回某个区域内满足给定条件的所有单元格的算术平均值

D. 用于返回表格或数组中的元素值

【答案】C

【解析】在 Excel 中，常用函数 AVERAGEIF 表示的是：用于返回某个区域内满足给定条件的所有单元格的算术平均值。

第四节　数据清单及其管理分析

一、数据清单的构建

（一）数据清单的概念

Excel 中，数据库是通过数据清单或列表来实现的。数据清单是一种包含一行列标题和多行数据且每行同列数据的类型和格式完全相同的 Excel 工作表。数据清单中的列对应数据库中的字段，列标志对应数据库中的字段名称，每一行对应数据库中的一条记录。

（二）构建数据清单的要求

为了使 Excel 自动将数据清单当作数据库，构建数据清单的要求主要有：

1. 列标志应位于数据清单的第一行，用以查找和组织数据、创建报告。

2. 同一列中各行数据项的类型和格式应当完全相同。

3. 避免在数据清单中间放置空白的行或列，但需将数据清单和其他数据隔开时，应在它们之间留出至少一个空白的行或列。

4. 尽量在一张工作表上建立一个数据清单。

二、记录单的使用

（一）记录单的概念

记录单又称数据记录单，是快速添加、查找、修改或删除数据清单中相关记录的对话框。

（二）通过记录单处理数据清单的记录

1. 通过记录单处理记录的优点

通过记录单处理记录的优点主要有：界面直观，操作简单，减少数据处理时行列位置的来回切换，避免输入错误，特别适用于大型数据清单中记录的核对、添加、查找、修改或删除。

2."记录单"对话框的打开

打开"记录单"对话框的方法是：输入数据清单的列标志后，选中数据清单的任意一个单元格，点击"数据"菜单中的"记录单"命令。

Excel 2013 的数据功能区中尽管没有"记录单"命令，但可通过单击以自定义方式添入"快速访问工具栏"中的"记录单"按钮来打开。"记录单"对话框打开后,只能通过"记录单"对话框来输入、查询、核对、修改或者删除数据清单中的相关数据,但无法直接在工作表的数据清单中进行相应的操作。

3. 在"记录单"对话框中输入新记录

在数据录入过程中,如果发现某个文本框中的数据录入有误,可将光标移入该文本框,直接进行修改;如果发现多个文本框中的数据录入有误,不便逐一修改,可通过单击"还原"按钮放弃本次确认前的所有输入,光标将自动移入第一个空白文本框,等待数据录入。

4. 利用"记录单"对话框查找特定单元格

通过查询,符合条件的记录将分别出现在对话框相应列后的文本框中,"记录状态"显示区相应显示记录的次序数以及数据清单中记录的总条数。这种方法尤其适合于具有多个查询条件的查询中,只要在对话框多个列名后的文本框内同时输入相应的查询条件即可。

5. 利用"记录单"对话框核对或修改特定记录

查找到待核对或修改的记录后,在对话框相应列后文本框中逐一核对或修改。在确认修改前,"还原"按钮处于激活状态,可通过单击"还原"按钮放弃本次确认前的所有修改。

6. 利用"记录单"对话框删除特定记录

记录删除后无法通过单击"还原"按钮来撤销。

三、数据的管理与分析

在数据清单下,可以执行排序、筛选、分类汇总、插入图表和数据透视表等数据管理和分析功能。

(一)数据的排序

数据的排序是指在数据清单中,针对某些列的数据,通过"数据"菜单或功能区中的排序命令来重新组织行的顺序。

1. 快速排序

使用快速排序的操作步骤为：

（1）在数据清单中选定需要排序的各行记录；

（2）执行工具栏或功能区中的排序命令。

需要注意的是，如果数据清单由单列组成，即使不执行第一步，只要选定该数据清单的任意单元格，直接执行第二步，系统都会自动排序；如果数据清单由多列组成，应避免不执行第一步而直接执行第二步的操作，否则数据清单中光标所在列的各行数据被自动排序，但每一记录在其他各列的数据并未随之相应调整，记录将会出现错行的错误。

2. 自定义排序

使用自定义排序的操作步骤为：

（1）在"数据"菜单或功能区中打开"排序"对话框；

（2）在"排序"对话框中选定排序的条件、依据和次序。

（二）数据的筛选

数据的筛选是指利用"数据"菜单中的"筛选"命令对数据清单中的指定数据进行查找和其他工作。

筛选后的数据清单仅显示那些包含了某一特定值或符合一组条件的行，暂时隐藏其他行。通过筛选工作表中的信息，用户可以快速查找数值。用户不但可以利用筛选功能控制需要显示的内容，而且还能够控制需要排除的内容。

1. 快速筛选

使用快速筛选的操作步骤为：

（1）在数据清单中选定任意单元格或需要筛选的列；

（2）执行"数据"菜单或功能区中的"筛选"命令，第一行的列标识单元格右下角出现向下的三角图标；

(3)单击适当列的第一行,在弹出的下拉列表中取消勾选"全选",勾选筛选条件,单击"确定"按钮可筛选出满足条件的记录。

2.高级筛选

使用高级筛选的操作步骤为:

(1)编辑条件区域;

(2)打开"高级筛选"对话框;

(3)选定或输入"列表区域"和"条件区域",单击"确定"按钮。

3.清除筛选

对经过筛选后的数据清单进行第二次筛选时,之前的筛选将被清除。

(三)数据的分类汇总

数据的分类汇总是指在数据清单中按照不同类别对数据进行汇总统计。分类汇总采用分级显示的方式显示数据,可以收缩或展开工作表的行数据或列数据,实现各种汇总统计。

1.创建分类汇总

需设置采用的"汇总方式"和"选定汇总项"的内容,数据清单将以选定的"汇总方式"按照"分类字段"分类统计,将统计结果记录到选定的"选定汇总项"列下,同时可以通过单击级别序号实现分级查看汇总结果。

2.清除分类汇总

打开"分类汇总"对话框后,单击"全部删除"按钮即可取消分类汇总。

(四)数据透视表的插入

数据透视表是根据特定数据源生成的,可以动态改变其版面布局的交互式汇总表格。数据透视表不仅能够按照改变后的版面布局自动重新计算数据,而且能够根据更改后的原始数据或数据源来刷新计算结果。

1. 数据透视表的创建

单击"数据"菜单中的"数据透视表和数据透视图…"命令项,接着按"数据透视表和数据透视图向导"提示进行相关操作可创建数据透视表。

数据透视表的布局框架由页字段、行字段、列字段和数据项等要素构成,可以通过需要选择不同的页字段、行字段、列字段,设计出不同结构的数据透视表。

【经典例题·多选】数据透视表的布局框架由(　　)等要素构成。

A. 页字段　　　B. 行字段　　　C. 列字段　　　D. 数据项

【答案】ABCD

【解析】数据透视表的布局框架由页字段、行字段、列字段和数据项等要素构成。

2. 数据透视表的设置

(1) 重新设计版面布局。在数据透视表布局框架中选定已拖入的字段、数据项,将其拖出,将"数据透视表字段列表"中的字段和数据项重新拖至数据透视表框架中的适当位置,报表的版面布局立即自动更新。

(2) 设置值的汇总依据。值的汇总依据有求和、计数、平均值、最大值、最小值、乘积、数值计数、标准偏差、总体偏差、方差和总体方差。

(3) 设置值的显示方式。值的显示方式有无计算、百分比、升序排列、降序排列等。

(4) 进行数据的筛选。分别对报表的行和列进行数据的筛选,系统会根据条件自行筛选出符合条件的数据列表。

(5) 设定报表样式。数据透视表中，既可通过单击"自动套用格式"（适用于 Excel 2003，单击"格式"菜单后进入）或"套用报表格式"（适用于 Excel 2013）按钮选用系统自带的各种报表样式，也可通过设置单元格格式的方法自定义报表样式。

（五）图表的插入

框选需要生成图表的数据清单、列表或者数据透视表，选择"插入"菜单中的"图表"菜单，按照相关步骤操作可完成图表的插入。

图表不仅可以根据需要分别输入标题和各轴所代表的数据含义，而且可以适当调整大小及其位置。

【题库·同步强化练习】

一、单项选择题（每题的备选项中，只有一个符合题意的正确答案。多选、错选、不选均不得分）

1. Excel 2003 文件默认的扩展名是（　　）。

　　A. ECL　　　　B. XLS　　　　C. DOC　　　　D. XEL

2. 退出 Excel 软件的快捷键组合是（　　）。

　　A. Alt + F1　　B. Alt + F2　　C. Alt + F3　　D. Alt + F4

3. Windows 软件中每个窗口的右上角有一个 ⊠ 按钮，单击该按钮的作用是（　　）。

　　A. 还原窗口　　　　　　　　B. 最大化窗口

　　C. 最小化窗口　　　　　　　D. 关闭窗口或退出程序

4. 下列快捷键组合中，能够打开"运行"对话框的是（　　）。

　　A. "Ctrl" 和 "R"　　　　　B. 微软徽标键和 "R"

　　C. "Ctrl" 和 "S"　　　　　D. 微软徽标键和 "S"

5. 默认位于工具栏的下方，用来显示当前单元格的名字和当前单元格的内容、取消或确认本次输入的数据或公式的区域是（　　）。

A. 编辑区　　　B. 功能区　　　C. 状态栏　　　D. 工作表区

6. 打开"查找与替换"中"查找"对话框的快捷键是（　　）。

A. Ctrl + F　　B. Ctrl + D　　C. Ctrl + H　　D. Ctrl + V

7. 下列各项中，属于文本函数的是（　　）。

A. MAX　　　B. LEN　　　C. SUM　　　D. COUNT

8. 在 Excel 中，计算工作表 B1～B6 数值的平均数，使用的函数是（　　）。

A. SUM（B1：B6）　　　　B. AVE（B1：B6）

C. MIN（B1：B6）　　　　D. COUNT（B1：B6）

9. 查看公式中某一步的运算结果后，将数值结果恢复为公式需要按（　　）。

A. F9　　　　　　　　　B. "Ctrl + F"

C. "Ctrl + Z"　　　　　D. "Ctrl + S"

10. Excel 的基本文档称为（　　）。

A. 工作簿　　　B. 宏表　　　C. 单元格　　　D. 工作表

11. 在 Excel 中，要计算工作表 A1：A10 指定区域数值的和应使用函数（　　）。

A. SUM（A1：A10）　　　B. AVE（A1：A10）

C. MIN（A1：A10）　　　D. COUNT（A1：A10）

12. Excel 2003 单元格的引用是基于工作表的列标和行号在进行绝对引用时，需在列标和行号前各加（　　）符。

A. !　　　　　B. @　　　　　C. &　　　　　D. $

13. 下面关于表格的叙述中，哪一项是正确的？（　　）

A. 只有文字可以作为表格的数据

B. 只有数字可以作为表格的数据

C. 只有文字、数字可以作为表格的数据

D. 文字、数字、图形都可以作为表格的数据

14. 在 Excel 中，要将有数据且设置了格式的单元格恢复为普通单元格，应先选定该单元格，然后（　　）。

A. 按 Delete 键

B. 选择单元格快捷菜单中的"删除"命令

C. 选择"编辑"菜单的"清除"命令

D. 按工具栏中的"剪切"按钮

15. 根据特定数据源生成的，可以动态改变其版面布局的交互式汇总表格是（　　）。

A. 数据透视表　　　　　　B. 数据的筛选

C. 数据的排序　　　　　　D. 数据的分类汇总

16. 审核未通过的凭证必须（　　）方可被记账。

A. 审核人员重新审核后　　B. 审核人员取消审核签字

C. 进行修改后　　　　　　D. 进行修改，并通过审核后

17. 下列关于记账操作，错误的是（　　）。

A. 每月只能记账一次　　　B. 每月可以多次记账

C. 记账可以在月中进行　　D. 未审核的凭证不能记账

18. 单个数据的输入和修改都在单元格中进行，每一单元格最多可容纳（　　）。

A. 65 536 个字符　　　　　B. 32 000 个字符

C. 256 个字符　　　　　　D. 16 384 个字符

19. 每个工作簿含有工作表的张数受到（　　）的限制。

A. 计算机内存大小　　　　B. Excel 软件版本

C. 计算机硬盘容量　　　　D. 会计软件版本

20. Excel 工作表中，为了显示数据的变化趋势，可插入（　　）。

A. 折线图　　B. 雷达图　　C. 饼图　　D. 气泡图

21. 各功能区的主要功能由（　　）予以标识。

A. 相应的快捷方式　　　　B. 相应的选项卡标签

C. 功能性按钮 D. 单元格

22. （   ）是由一系列在功能上具有较强相关性的组和命令所形成的区域。

A. 功能区 B. 状态栏
C. 工作表区 D. 任务窗格

23. 对于设置了打开权限密码的 Excel 文件（   ）。

A. 只有输入正确的密码才能打开
B. 只有输入正确的密码才能修改
C. 只能以只读方式打开
D. 以上说法都不对

24. 在工作簿窗口内打开两个工作簿，单击"文件"菜单中的"关闭"命令关闭的是（   ）。

A. 工作簿窗口 B. Excel 应用程序窗口
C. 全部打开的工作簿 D. 当期工作簿

25. 使用填充序列的操作步骤是（   ）。

A. 输入序列第一个数或文本内容，使用填充柄完成余下序列
B. 输入序列前两个数或文本内容，使用填充柄完成余下序列
C. 在填充柄拖动的区域里逐次输入需要填入的序列
D. 以上都不对

26. 填充日期值时，可以指定（   ）等。

A. 按月填充 B. 按年填充
C. 按日填充 D. 以上均对

27. 在某一 Excel 文件中，想要把"用友软件"全部更改成"初级会计电算化"，比较方便的操作是（   ）。

A. 替换 B. 查找 C. 复制 D. 剪切

28. Excel 对数据的保护不包括（   ）。

A. 工作簿 B. 工作表 C. 单元格 D. 工作组

29. 可通过（　　）进行工作表的保护。

A. 审阅→更改→保护工作簿→输入密码

B. 审阅→更改→保护工作表→输入密码

C. 文件→信息→保护工作簿→输入密码

D. 文件→另存为→建议只读→输入密码

30. 撤销保护工作表需要（　　）。

A. 关闭后重新打开文件

B. 设置取消密码后可撤销保护

C. 正确输入取消工作表时使用的密码后可撤销保护

D. 以上都不对

31. 下列概念中最小的单位是（　　）。

A. 工作簿　　　B. 文件　　　C. 工作表　　　D. 单元格

32. 移动点击输入数值所在单元格的地址后，单元格将处于（　　）。

A. 线框模式　　　　　　　　B. 填充模式

C. 数据点模式　　　　　　　D. 以上都不对

33. 当输入的公式中含有其他单元格的数值时，为了避免重复输入费时甚至出错，多通过（　　）来创建公式。

A. 手动输入　　　　　　　　B. 复制单元格的数据

C. 引用单元格的数值　　　　D. 移动点击输入

34. Excel 根据公式自动进行智能运算的结果默认显示在该公式所在的（　　）里。

A. 编辑栏　　　　　　　　　B. 单元格

C. 工作表　　　　　　　　　D. 以上都不对

35. 当有公式的单元格处于编辑状态时，单元格将显示（　　）。

A. 与所对应编辑栏显示的内容相一致

B. 公式计算结果

C. 公式中某步骤的运算结果

D. 以上都不对

36. 双击单元格进入编辑状态后,选中公式中某一步骤,按"F9"键,则（   ）。

   A. 将显示整个公式

   B. 被选中的内容将转化为运算结果

   C. 显示单元格运算结果

   D. 以上都不对

37. 关于单元格的引用,下列说法不正确的是（   ）。

   A. 单元格引用是指在不同单元格之间建立链接,以引用来自其他单元格的数据

   B. 引用的作用在于标识工作表上的单元格或单元格区域

   C. 通过引用,可以在公式中使用工作表不同部分的数据

   D. 常用的单元格引用分为相对引用、绝对引用和直接引用三种

38. 当复制使用了（   ）的公式到别的单元格式,被粘贴公式中的引用不会更新,数据源仍然指向原来的单元格。

   A. 相对引用　　　　　　　　B. 绝对引用

   C. 混合引用　　　　　　　　D. 直接引用

39. 输入完单元格地址后,可重复按"F4"键,可以（   ）。

   A. 混合引用　　　　　　　　B. 改变引用的类型

   C. 跨工作簿单元格引用　　　D. 跨工作表单元格引用

40. 假设 B1 为文字"壹佰",B2 为数字"3",则 COUNT（B1：B2）等于（   ）。

   A. 103　　　B. 100　　　C. 3　　　D. 1

41. 已知 C2：C6 输入数据 8,2,3,5,6,函数 AVERAGE（C2：C5）为（   ）。

A. 24　　　　　B. 12　　　　　C. 6　　　　　D. 4.5

42. NOW（　　）用于（　　）。

　　A. 用于返回某日期对应的年份

　　B. 返回当前的时间和日期

　　C. 用于返回某日期对应的月份

　　D. 用于返回某日期对应的天数

43. （　　）用于返回某项资产以直线法计提的每一期的折旧值。

　　A. DDB 函数　　　　　　　　B. SLN 函数

　　C. SYD 函数　　　　　　　　D. NOW 函数

44. Excel 中，数据库是通过（　　）来实现的。

　　A. 工作簿　　　　　　　　　B. 工作表

　　C. 数据清单　　　　　　　　D. 单元格

45. （　　）是快速添加、查找、修改或删除数据清单中相关记录的对话框。

　　A. 记录单　　　　　　　　　B. 工作表

　　C. 数据清单　　　　　　　　D. 单元格

46. 利用"记录单"对话框核对或修改特定记录时，可通过单击（　　）放弃本次确认前的所有修改。

　　A. "修改"按钮　　　　　　　B. "保存"按钮

　　C. "还原"按钮　　　　　　　D. 以上都不对

47. 一个工作表各列数据均含标题，要对所有列数据进行排序，用户应选取的排序区域是（　　）。

　　A. 含标题任意列数据　　　　B. 不含标题的所有数据区

　　C. 含标题的所有数据区　　　D. 不含标题任意列数据

48. 使用 Excel 的数据筛选功能，是将（　　）。

　　A. 满足条件的记录显示出来，而删除掉不满足条件的数据

B. 不满足条件的记录暂时隐藏起来，只显示满足条件的数据

C. 不满足条件的数据用另外一个工作表保存起来

D. 将满足条件的数据突出显示

49. 分类汇总采用（　　）的方式显示数据，可以收缩或展开工作表的行数据或列数据，实现各种汇总统计。

A. 分级显示　　　　　　　　B. 同级显示

C. 隐藏显示　　　　　　　　D. 以上都不对

50. 在某工作表的任意单元格中输入 = RIGHT（"sdfjklabc"，3），回车后显示结果为（　　）。

A. sdf　　　　B. jkl　　　　C. abc　　　　D. 3

二、多项选择题（每题的备选项中，有两个或两个以上符合题意的正确答案。多选、少选、错选、不选均不得分）

1. 在 Excel 中，通过（　　）可以将整个工作表全部选中。

A. 单击全选框

B. Ctrl + A

C. "编辑"菜单中的"全选"命令

D. "视图"菜单中的"全选"命令

2. Excel 工作窗口中，下列（　　）含有 Excel 的工作命令。

A. 标题栏　　B. 菜单栏　　C. 工具栏　　D. 编辑栏

3. Excel 的窗口主要包括（　　）等屏幕元素。

A. 标题栏　　B. 菜单栏　　C. 工具栏　　D. 编辑栏

4. 在 Excel 中，公式 SUM（B1：B4）等价于（　　）。

A. SUM（A1：B4B1：C4）　　　　B. SUM（B1 + B4）

C. SUM（B1 + B2，B3 + B4）　　D. SUM（B1，B2，B3，B4）

5. 下列属于 Excel 算术运算符的是（　　）。

A. +　　　　B. ^　　　　C. <　　　　D. =

6. 如果对 B2、B3、B4 三个单元格中的数值求平均值,公式应该为（　　）。

　　A. = AVERAGE（B2：B4）　　　B. = SUM（B2：B4）

　　C. = AVERAGE（B2，B3，B4）　D. =（B2 + B3 + B4）/3

7. 向 Excel 工作表的单元格输入内容后,须确认后才完成输入,确认的方法有（　　）。

　　A. 双击该单元格　　　　　　　B. 单击另一单元格

　　C. 按回车键　　　　　　　　　D. 单击该单元格

8. Excel 的主要功能是（　　）。

　　A. 建立工作簿　　　　　　　　B. 管理数据

　　C. 实现数据网上共享　　　　　D. 制作图表

9. 在 Excel 中,利用填充功能可以方便地实现（　　）的填充。

　　A. 等差数列　　　　　　　　　B. 等比数列

　　C. 多项式　　　　　　　　　　D. 方程组

10. 下列选项中属于单元格引用类型的有（　　）。

　　A. 绝对引用　　　　　　　　　B. 相对引用

　　C. 循环引用　　　　　　　　　D. 混合引用

11. 下列选项中,属于统计函数的有（　　）。

　　A. MAX　　　B. MIN　　　C. IF　　　D. COUNTIF

12. 基本财务函数包括（　　）。

　　A. INDEX　　B. DDB　　　C. SLN　　　D. SYD

13. 在 Excel 中,通过（　　）可以修改单元内容。

　　A. 选中该单元,重新输入新内容

　　B. 选中该单元,对编辑栏中出现的原内容进行编辑修改

　　C. 单击该单元,并直接在单元格中进行内容的修改

　　D. 双击该单元,并直接在单元格中进行内容的修改

14. 下列 Excel 公式输入的格式中，（　　）是正确的。

A. =SUM（1，2，…，9，10）　　B. =SUM（E1：E6）

C. =SUM（A1：E7）　　D. =SUM（"18"，"25"，7）

15. 在 Excel 中，可以选取（　　）。

A. 单个单元格　　B. 多个单元格

C. 连续单元格　　D. 不连续单元格

16. Excel 中，可用（　　）进行单元格的选取。

A. 鼠标　　B. 键盘

C. "定位"命令　　D. "选取"命令

17. 标题栏位于窗口的最上方，依次列示（　　）。

A. 文件菜单项　　B. 文档的标题

C. Excel 软件的图标　　D. 控制 Excel 窗口的按钮

18. 下列关于功能区的优点，说法正确的是（　　）。

A. 将通常需要使用菜单、工具栏、任务窗格和其他用户界面组件才能显示的任务或入口点集中在一起

B. 便于在同一位置查找或调用功能相关的命令

C. 便于直观地展示数据之间的复杂关系

D. 便于对数据进行复杂的运算和分析

19. 编辑区由（　　）组成。

A. 插入函数按钮　　B. 名称框、编辑栏

C. 取消输入按钮　　D. 确认输入按钮

20. 编辑区的主要作用在于（　　）。

A. 显示当前单元格的名字

B. 显示当前单元格的内容

C. 对相应的选项卡标签予以标识

D. 取消或确认本次输入的数据或公式

21. 状态栏可以显示各种状态信息，如（　　）等。

A. 带形功能区　　　　　　　B. 当前单元格的内容
C. 单元格模式　　　　　　　D. 功能键的开关状态

22. 对于设置了修改权限密码的 Excel 文件，（　　）。
A. 只有输入了正确的密码才能打开
B. 只有输入正确的密码才能修改
C. 只能以只读方式打开
D. 以上说法都对

23. 取消工作组的方法有（　　）。
A. 单击所在工作簿中其他未被选中的工作表标签
B. 如果该工作组包含工作簿中的使用工作表，单击活动工作表以外的任意一个工作表标签
C. 指向该工作簿任意一个工作表标签，单击右键，从弹出的快捷菜单中选定"取消成组工作表"
D. 输入数据后可以自动取消

24. 使用填充柄可以完成（　　）。
A. 单个单元格中数据录入　　B. 序列的填充
C. 相同数据的填充　　　　　D. 以上说法都对

25. 下列选项中，属于序列的是（　　）。
A. 某个部门的工资　　　　　B. 等差数列
C. 等比数列　　　　　　　　D. 员工的出勤天数

26. 手动输入公式时如有小圆括号，应注意（　　）。
A. 运算符必须是半角符号
B. 其位置是否适当
C. 左括号是否与右括号相匹配
D. 公式中不能出现多对小圆括号

27. 下列是公式编辑和修改方法的有（　　）。
A. 双击公式所在的单元格直接在单元格内修改内容

B. 选中公式所需要查看其运算结果的运算体和运算符，按"F9"键

C. 选中公式所在的单元格，按下"F2"键后直接在单元格内更改内容

D. 选中公式所在的单元格后单击公式编辑栏，在公式编辑栏中作相应更改

28. 关于公式运算结果的显示，下列说法正确的是（　　）。

A. Excel 根据公式自动进行智能运算的结果默认显示在编辑栏

B. Excel 根据公式自动进行智能运算的结果默认显示在该公式所在的单元格里

C. 公式表达式的完整内容显示在编辑栏里

D. 公式表达式的完整内容显示在该公式所在的单元格里

29. 包含公式的单元格，可通过（　　）进入编辑状态。

A. 单击单元格　　　　　　B. 双击单元格

C. 按击"F2"键　　　　　　D. 按击"F9"键

30. LOOKUP 函数具有（　　）。

A. 向量形式　　　　　　　B. 数组形式

C. 字符形式　　　　　　　D. 数值形式

31. 在单元格显示运行结果时，选中单元格，（　　）可切换为显示公式内容。

A. 按下"F10"键　　　　　B. 按下"Ctrl + Z"组合键

C. 按下"Ctrl +"组合键　　D. 点击"显示公式"

32. Excel 软件的退出方法有（　　）。

A. 点击标题栏最右边的关闭按钮

B. 点击"关闭窗口"或"关闭所有窗口"命令

C. 按击快捷键"Alt + F4"

D. 按击快捷键"Alt + F8"

33. 在单张工作表的多个单元格中快速录入完全相同的数据的操作步骤有（　　）。

A. 选定单元格区域或不连续区域

B. 在当前活动单元格中通过键盘键入所需的数字或文本

C. 通过组合键入"Ctrl + Enter"确认键入的内容

D. 通过组合键入"Shift + Enter"确认键入的内容

34. 若要选中当前工作表的全部单元格，可以实现的方法有（　　）。

A. 按 Ctrl + A 键

B. 按 Ctrl + C 键

C. 单击位于名称框下的"全选"按钮

D. 单击"编辑"下拉菜单的"全部选定"命令

35. 要在 Excel 工作表区域 Al：Al0 输入等比数列 2、4、8、16…，可以在 A1 单元输入数字 2，在 A2 单元输入公式（　　），然后选中 A2 单元，用鼠标拖动填充柄至 A10 单元即可。

A. =2 * A1　　　　　　B. =2 * $A1

C. =2 * A$1　　　　　　D. =2 * Al

36. 下列属于数据透视表的值的汇总依据有（　　）。

A. 方差　　　B. 乘积　　　C. 计数　　　D. 平均值

37. 关于构建数据清单的要求，下列表述中正确的有（　　）。

A. 列标志应位于数据清单的第一行

B. 尽量在一张工作表上建立一个数据清单

C. 避免在数据清单上中间放置空白的行或列

D. 同一行列中各行数据项的类型和格式应当完全相同

38. 在 Excel 中，运算符主要有（　　）。

A. 算术运算符　　　　　B. 比较运算符

C. 文本运算符　　　　　D. 引用运算符

39. Excel 文件的保存方法有（　　）。

A. 通过敲击功能键"F12"键进行保存

B. 通过按击快捷键"Ctrl+S"键进行保存

C. 通过单击常用工具栏或快速访问工具栏中的"保存"或"另存为"按钮进行保存

D. 通过"文件"菜单中的"保存"或"另存为"命令进行保存

40. 数据的保护主要有（　　）。

A. 保护工作簿　　　　　　B. 保护工作表

C. 锁定单元格　　　　　　D. 锁定工具栏

41. 在 Excel 中，可利用（　　）进行求和运算。

A. 求和函数

B. 加法运算

C. 常用工具栏中的［自动求和］按钮

D. ［编辑］菜单中的［求和］公式

42. 启动 Excel 软件的方式有（　　）。

A. 点击"开始"菜单中列示的 Excel 快捷命令

B. 点击桌面或任务栏中 Excel 的快捷方式图标

C. 通过"运行"对话框启动 Excel 软件

D. 打开现成的 Excel 文件

43. 下列属于 Excel 用户界面要素的是（　　）。

A. 功能区　　　　　　　　B. 编辑区

C. 工作表区　　　　　　　D. 状态栏

44. 建立一个新的空白工作簿的方法有（　　）。

A. 打开"文件"菜单，点击"新建"菜单命令

B. 按击快捷键"Ctrl+N"

C. 按击快捷键"Alt+F4"

D. 点击工具栏中的"新建"按钮

45. 在 Excel 2013 和 Excel 2003 中,默认用户界面都有的要素是(   )。

A. 功能区　　　B. 编辑区　　　C. 任务栏　　　D. 状态栏

46. 数据手工录入的方式有(   )。

A. 在单个单元格中录入数据

B. 在单张工作表的多个单元格中快速录入完全相同的数据

C. 在单张工作表的多个单元格中快速录入部分相同的数据

D. 在工作组的一个单元格或多个单元格中快速录入相同的数据

47. 通过记录单处理记录的优点有(   )。

A. 界面直观

B. 操作简单

C. 避免输入错误

D. 减少数据处理时位置来回切换

48. 数据筛选的种类包括(   )。

A. 快速筛选　　　　　　　B. 查找筛选

C. 清除筛选　　　　　　　D. 高级筛选

49. 数据透视表设置的内容有(   )。

A. 重新设计版面布局　　　B. 设置值的汇总依据

C. 进行数据的筛选　　　　D. 设定报表样式

50. 关于图表的插入,下列说法正确的是(   )。

A. 图表的位置相对固定

B. 框选需要生成图标的数据清单、列表或者数据透视表,选择"插入"菜单中的"图表"菜单,按照相关步骤操作可完成图表的插入

C. 图表可以根据需要输入各轴所代表的数据含义

D. 图表可适当调整大小

三、判断题（正确的请在题后括号中画"√"，错误的请在题后括号中画"×"。不判断、判断错误的均不得分）

1. 在 Excel 中，清除指定区域是将该区域的数据连同单元格一起从工作表中删除。（   ）

2. 默认的工作表不够用时，不能予以添加。每个工作簿含有工作表的张数受到计算机内存大小的限制。（   ）

3. 删除了一个应用程序的快捷方式，也就删除了相应的应用程序。（   ）

4. 启动 Excel 之后，屏幕上出现 5 个区域：工作簿窗口、菜单栏、工具栏、编辑栏以及状态栏。（   ）

5. 用"开始"菜单可以启动程序，但不可以打开文档。（   ）

6. 跨工作表单元格引用是指引用不同工作簿里其他工作表中的单元格，又称三维引用。（   ）

7. 参数序列是用于限定函数运算的各个参数，这些参数除中文外都必须使用英文半角字符。（   ）

8. 录入数据时，可以在工作组的一个单元格或多个单元格中快速录入相同的数据。可将工作簿中多张工作表组合成工作组。（   ）

9. Excel 是不能获取 SQL Server、Access 等数据库的数据的。（   ）

10. 为了改变运算优先顺序，应将公式中需要最先计算的部分使用一对左右小圆括号括起来，也能使用中括号。（   ）

11. 在一组复选菜单命令中可以同时选择多个命令。（   ）

12. 工作簿被保护后所有的操作都不可进行。如果要撤销保护工作簿，按设置保护工作簿的路径选择"保护工作簿"，输入正确

的密码后可撤销保护。（　　）

13. 在公式中不能直接输入单元格的地址引用单元格，只能使用鼠标或键盘的方向键选择单元格。（　　）

14. YEAR、MONTH、DAY、MATCH 均属于日期与时间函数。（　　）

15. 在数据清单下，可以执行排序、筛选、分类汇总、插入图表和数据透视表等数据管理和分析功能。（　　）

16. 在 Excel 中，公式总是以等号"＝"开始，以运算体结束。（　　）

17. Excel 根据公式自动进行智能运算的结果默认显示在该公式所在的单元格里，菜单栏则相应显示公式表达式的完整内容。（　　）

18. Excel 提供了散点图、柱形图、饼图、条形图、面积图、折线图、气泡图、三维图等 14 类 100 多种基本图表。（　　）

19. 通过"开始"菜单可启动 Excel 软件，同时建立一个新的文档，该文档在 Excel 软件中被默认为工作表。（　　）

20. Excel 2003 及以下版本的默认用户界面基本相同，由标题栏、菜单栏、工具栏、编辑区、工作表区、状态栏和任务窗格等要素组成。（　　）

21. 单元格是工作表的最小组成单元。（　　）

22. Excel 软件的默认用户界面各版本都是相同的。（　　）

23. Excel 的操作命令后面带有"？"的，表示选择了这一命令后将打开该命令的对话框。（　　）

24. Excel 的操作命令后面带有"…"的，表示该选项后面带有一个子菜单。（　　）

25. 状态栏默认位于窗口顶部，可以显示各种状态信息，如单元格模式、功能键的开关状态等。（　　）

26. 任务窗格默认位于 Excel 窗口的左边。（   ）

27. 用户不可以自定义选项卡。（   ）

28. Excel 软件退出前不用关闭打开的文件。（   ）

29. Excel 软件根据原文件自动创建备份文件的图标与原文件相同。（   ）

30. 按击 "TAB" 键可以对选择的 Excel 文件进行删除。（   ）

31. 鼠标右键点击要删除的 Excel 文件，选择删除命令，可以进行删除。（   ）

32. 通过组合键 "Ctrl + P" 可以在多个单元格中快速录入完全相同的数据。（   ）

33. 利用自动填充功能填充序列后，不可以指定序列类型。（   ）

34. 单击 "替换" 即可完成对内容和格式的批量替换。（   ）

35. 在 Excel 2003 中，可以对工作表进行编辑权限设定。（   ）

36. 锁定单元格可以使单元格的部分内容可以被修改。（   ）

37. Excel 中，创建公式的方式只有移动点击输入一种。（   ）

38. 输入公式时，不能通过引用单元格的数值来创建公式。（   ）

39. 相邻的两个运算体之间必须使用能够正确表达二者运算关系的运算体进行连接。（   ）

40. 对于公式中需要最先计算的部分，可以使用一对小圆括号或者中括号括起来。（   ）

41. 采用复制粘贴的方法将公式原地复制后，进行直接贴，可以粘贴数值。（   ）

42. 在单元格显示公式内容时，选中单元格，按下 "Ctrl"，可切换为显示运行结果。（   ）

43. 如果要使复制公式时数据源的位置不发生改变，应当使用

相对引用。（ ）

44. 混合引用是指所引用单元格地址的行标与列标中两个都是相对的。（ ）

45. 参数序列是用于限定函数运算的各个参数，这些参数除中文外都必须使用英文全角字符。（ ）

46. 函数不是只可以出现在公式中。（ ）

47. 同一列中各行数据项的类型和格式可以不相同。（ ）

48. DDB 函数中 cost 是必需参数，指固定资产残值。（ ）

49. 数据的分类汇总是指在数据清单中按照相同类别对数据进行汇总统计。（ ）

50. 图表仅可以根据需要分别输入标题和各轴所代表的数据含义，但不可以适当调整大小及其位置。（ ）

【参考答案及解析】

一、单项选择题（每题的备选项中，只有一个符合题意的正确答案。多选、错选、不选均不得分）

1. B 　【解析】Excel 2003 文件默认的扩展名是 XLS。

2. D 　【解析】退出 Excel 软件的快捷键组合是"Alt + F4"。

3. D 　【解析】按钮⊠是关闭按钮，单击关闭按钮的作用是关闭窗口或者退出程序。

4. B 　【解析】同时敲击键盘上的微软徽标键和"R"键可以打开"运行"对话框。

5. A 　【解析】编辑区默认位于工具栏的下方，由名称框、取消输入按钮、确认输入按钮、插入函数按钮和编辑栏构成，用来显示当前单元格的名字和当前单元格的内容、取消或确认本次输入的数据或公式。

6. A 　【解析】"Ctrl + H"是打开替换对话框，"Ctrl + D"是

打开"字体"对话框,"Ctrl + V"是粘贴快捷键。

7. B 【解析】选项 A、C、D 属于统计函数。

8. B 【解析】选项 A 是求和函数,选项 C 是求最小值函数,选项 D 是用于计算数字个数函数。

9. C 【解析】按"Esc"键或者"Ctrl + Z"组合键(或单击"撤销"按钮),运算结果将恢复为公式表达式的原来内容。

10. A 【解析】Excel 的基本文档称为工作簿,一个工作簿为一个文件,它由若干张工作表组成。每张工作表又是由一系列单元格组成。

11. A 【解析】Excel 中,AVG( ) 函数是求平均值函数,MIN( ) 是求最小值函数,COUNT( ) 函数是计算数字个数函数。

12. D 【解析】在绝对引用中,所引用的单元格地址的列坐标和行坐标前面分别加入符号"$"。

13. D 【解析】表格中的数据可以是文字、数字、图形。

14. C 【解答】Delete 键只能删除该单元格中的内容,而无法删除该单元格中的格式;要删除某单元格的格式,则应先选定该单元格,然后使用"编辑"菜单中的"清除"命令的选项"格式",则可将设置了格式的单元格恢复为普通空单元格。

15. A 【解析】根据特定数据源生成的,可以动态改变其版面布局的交互式汇总表格是数据透视表。

16. D 【解析】审核未通过的凭证必须进行修改,并通过审核后方可被记账。

17. A 【解析】结账每月只能一次,记账一个月可以多次。

18. B 【解析】单个数据的输入和修改都在单元格中进行,每一单元格最多可容纳 32 000 个字符。

19. A 【解析】每个工作簿含有工作表的张数受到计算机内存大小的限制。

20. A 【解析】折线图按照相同的间隔显示数据的趋势,选项 A 正确;雷达图显示数据相对于中心点的变化趋势,选项 B 错误;饼图显示组成数据系列的项目在项目总和中所占的比例,选项 C 错误;气泡图对成组的三个数据进行比较,选项 D 错误。

21. B 【解析】各功能区的主要功能由相应的选项卡标签予以标识。

22. A 【解析】功能区是由一系列在功能上具有较强相关性的组和命令所形成的区域。

23. A 【解析】对于设置了打开权限密码的 Excel 文件,只有输入正确的密码才能打开。

24. D 【解析】单击"文件"菜单中的"关闭"命令关闭的均是当前文件,其他处于打开状态的 Excel 文件仍处于打开状态。

25. B 【解析】使用填充序列的操作步骤是:①在需要输入序列的第一个单元格中输入序列第一个数或文本内容,紧接第二个单元格输入序列第二个数或文本内容;②选中上述两个单元格,点击第二个单元格右下角的填充柄,按住鼠标左键拖动,在适当的位置释放鼠标,拖过的单元格将会自动进行填充。

26. D 【解析】利用自动填充功能填充序列后,可以指定序列类型,如填充日期值时,可以指定按月填充、按年填充或者按日填充等。

27. A 【解析】如果需要替换,单击"替换"逐个替换或单击"全部替换"一次性全部替换。

28. D 【解析】本题考查数据的保护。

29. B 【解析】本题考查工作表的保护。

30. C 【解析】本题考查撤销保护工作表。

31. D 【解析】本题考查 Excel 的几个相关概念,单元格是最小的单位。

32. C 【解析】移动点击输入数值所在单元格的地址后，单元格将处于"数据点模式"。

33. C 【解析】当输入的公式中含有其他单元格的数值时，为了避免重复输入费时甚至出错，还可以通过移动鼠标去单击拟输入数值所在单元格的地址（即引用单元格的数值）来创建公式。

34. B 【解析】Excel 根据公式自动进行智能运算的结果默认显示在该公式所在的单元格里。

35. A 【解析】该单元格处于编辑状态时，单元格也将显示等号"＝"及其运算体和运算符，与所对应编辑栏显示的内容相一致。

36. B 【解析】选中公式中需要查看其运算结果的运算体和运算符，按"F9"键后，被选中的内容将转化为运算结果，该运算结果同时处于被选中状态。

37. D 【解析】常用的单元格引用分为相对引用、绝对引用和混合引用三种。

38. B 【解析】当复制使用了绝对引用的公式到别的单元格式，被粘贴公式中的引用不会更新，数据源仍然指向原来的单元格。

39. B 【解析】输入完单元格地址后，可重复按"F4"键选择合适的引用类型。

40. D 【解析】本题考查 COUNT 函数的应用。COUNT（value1，value2，…）用于计算包含数字的单元格以及参数列表中数字的个数。本题参数列中只包含一个数字 3，故本题正确答案为 1。

41. D 【解析】本题考查 AVERAGE 函数的应用。AVERAGE（number1，number2，…）用于返回参数的算术平均值。本题即计算 8，2，3，5 这四个数字的平均值。

42. B 【解析】NOW（）用于返回当前的日期和时间。

43. B 【解析】SLN（cost，salvage，life）用于返回某项资产以直线法计提的每一期的折旧值。

44. C 【解析】Excel中，数据库是通过数据清单或列表来实现的。

45. A 【解析】记录单又称数据记录单，是快速添加、查找、修改或删除数据清单中相关记录的对话框。

46. C 【解析】在确认修改前，"还原"按钮处于激活状态，可通过单击"还原"按钮放弃本次确认前的所有修改。

47. C 【解析】本题考查Excel的排序。

48. B 【解析】筛选后的数据清单仅显示那些包含了某一特定值或符合一组条件的行，暂时隐藏其他行。

49. B 【解析】本题考查Excel的筛选功能。

50. C 【解析】本题考查RIGHT函数。RIGHT（text，num_chars）用于从文本字符串中最后一个字符开始返回指定个数的字符。本题中从最后一个字符开始返回三个字符回车显示的结果为abc。故本题正确答案为C。

二、多项选择题（每题的备选项中，有两个或两个以上符合题意的正确答案。多选、少选、错选、不选均不得分）

1. AB 【解析】编辑和视图菜单中均无全选命令。

2. BC 【解析】菜单栏中含有Excel的几乎全部操作命令，工具栏中以按钮的形式给出Excel的常用操作。故选BC。

3. ABCD 【解析】标题栏、菜单栏和工具栏是Word和Excel软件中都有的窗口元素，而编辑栏是Excel独有的窗口元素。

4. CD 【解析】题中公式是对四个单元格的数据求和。只有选项C、选项D是对的。

5. AB　【解析】Excel 的算术运算符包括 +、-、×、√、^ 等。故选 AB。

6. ACD　【解析】选项 B 是求和函数。

7. BC　【解析】向 Excel 工作表的任一单元格输入内容时，必须确认后才算完成输入。确认的方法是单击另一单元格或按回车键。故选 BC。

8. ABCD　【解析】电子表格软件的主要功能有：建立工作簿、管理数据、实现数据网上共享、制作图表、开发应用系统。

9. AB　【解析】在 Excel 中，利用填充功能可以方便地实现等差数列或等比数列的填充。

10. ABD　【解析】单元格引用类型有：绝对引用、相对引用和混合引用。故选 ABD。

11. ABD　【解析】统计函数有：MAX、MIN、SUM、SUMIF、AVERAGE、AVERAGEIF、COUNT、COUNTIF 等。故选 ABD。

12. BCD　【解析】基本财务函数有：SLN、DDB、SYD。故选 BCD。

13. ABD　【解析】单击单元格只是表示选中，故选 ABD。

14. AB　【解析】求和函数的括号内可以是冒号或逗号，故选 AB。

15. ABCD　【解析】在 Excel 中，可以选取单个单元格、多个单元格、连续单元格、不连续单元格。故选 ABCD。

16. ABC　【解析】Excel 中没有"选取"命令。

17. BCD　【解析】标题栏位于窗口的最上方，依次列示 Excel 软件的图标、文档的标题和控制 Excel 窗口的按钮。

18. AB　【解析】功能区的优点主要在于，它将通常需要使用菜单、工具栏、任务窗格和其他用户界面组件才能显示的任务或入口点集中在一起，便于在同一位置查找和调用功能相关的命令。

19. ABCD 【解析】编辑区默认位于工具栏的下方,由名称框、取消输入按钮、确认输入按钮、插入函数按钮和编辑栏构成。

20. ABD 【解析】编辑区用来显示当前单元格的名字和当前单元格的内容、取消或确认本次输入的数据或公式。

21. CD 【解析】状态栏默认位于窗口底部,可以显示各种状态信息,如单元格模式、功能键的开关状态等。

22. BC 【解析】对于设置了修改权限密码的Excel文件,只有输入正确的密码才能修改,否则只能以只读方式打开。

23. ABC 【解析】完成数据录入后,可采用以下方法取消工作组:①单击所在工作簿中其他未被选中的工作表标签(即组外工作表标签),如果该工作组包含工作簿中的所有工作表,则只需单击活动工作表以外的任意一个工作表标签;②指向该工作簿任意一个工作表标签,单击右键,从弹出的快捷菜单中选定"取消成组工作表"。

24. BC 【解析】本题考查单元格数据的快速填充。

25. BC 【解析】序列是指按照某种规律排列的一列数据,如等差数列、等比数列等。

26. BC 【解析】手动输入公式时如有小圆括号,应注意其位置是否适当以及左括号是否与右括号相匹配。

27. ACD 【解析】查看公式中某步骤的运算结果,可选中公式中需要查看其运算结果的运算体和运算符,按"F9"键后,被选中的内容将转化为运算结果,该运算结果同时处于被选中状态,B选项错误。

28. BC 【解析】Excel根据公式自动进行智能运算的结果默认显示在该公式所在的单元格里,编辑栏则相应显示公式表达式的完整内容。

29. BC 【解析】选中公式所在的单元格,可通过双击单元格或按"F2"键进入编辑状态。

30. AB 【解析】LOOKUP 函数用于返回向量（单行区域或单列区域）或数组中的数值。它具有两种语法形式：向量形式和数组形式。

31. CD 【解析】在单元格显示运行结果时，选中单元格，按下"Ctrl +`"组合键或者点击"显示公式"（适用于 Excel 2013）菜单命令，可切换为显示公式内容。

32. ABC 【解析】Excel 软件的退出方法有：点击标题栏最右边的关闭按钮；点击"关闭窗口"或"关闭所有窗口"命令；按击快捷键"Alt + F4"。故选 ABC。

33. ABC 【解析】在单张工作表的多个单元格中快速录入完全相同的数据的操作步骤有：选定单元格区域或不连续区域；在当前活动单元格中通过键盘键入所需的数字或文本；通过组合键入"Ctrl + Enter"确认键入的内容。故选 ABC。

34. AC 【解析】若要选中当前工作表的全部单元格，可以实现的方法有：按 Ctrl + A 键、单击位于名称框下的"全选"按钮。故选 AC。

35. BD 【解析】要在 Excel 工作表区域 A1：A10 输入等比数列 2、4、8、16…可以在 A1 单元输入数字 2，在 A2 单元输入公式"= 2 * $ A1"或"= 2 * A1"，然后选中 A2 单元，用鼠标拖动填充柄至 A10 单元即可。

36. ABCD 【解析】值的汇总依据有求和、计数、平均值、最大值、最小值、乘积、数值计数、标准偏差、总体偏差、方差和总体方差。而百分比属于值的显示方式。故选 ABCD。

37. ABD 【解析】为了使 Excel 自动将数据清单当作数据库，构建数据清单的要求主要有：列标志应位于数据清单的第一行，用以查找和组织数据、创建报告；同一列中各行数据项的类型和格式应当完全相同；避免在数据清单中间放置空白的行或列，但需将数据清单和其他数据隔开时，应在它们之间留出至少一个空白的行或列；尽量在一张工作表上建立一个数据清单。故选 ABD。

38. ABCD 【解析】在 Excel 中，运算符主要有四种类型：算术运算符、比较运算符、文本运算符和引用运算符。

39. ABCD 【解析】保存 Excel 文件的常用方法包括：

（1）通过敲击功能键"F12"键进行保存。

（2）通过按击快捷键"Ctrl＋S"键进行保存。对于之前已经保存过的文件，按击快捷键"Ctrl＋S"键后，将直接保存最近一次的修改，不再弹出"另存为"对话框。

（3）通过单击常用工具栏（适用于 Excel 2003）或快速访问工具栏（适用于 Excel 2013）中的"保存"或"另存为"按钮进行保存。

（4）通过"文件"菜单（或 Excel 2003"工具栏"菜单）中的"保存"或"另存为"命令进行保存。

40. ABC 【解析】数据的保护主要有：保护工作簿、保护工作表、锁定单元格。

41. ABC 【解析】[编辑]菜单中没有[求和]公式的操作。

42. ABCD 【解析】本题主要考查 Excel 文件的启动方式。Excel 文件的启动方法有四种：点击"开始"菜单中列示的 Excel 快捷命令；点击桌面或任务栏中 Excel 的快捷方式图标；通过"运行"对话框启动 Excel 软件；打开现成的 Excel 文件。

43. ABCD 【解析】Excel 软件的默认用户界面因版本不同而有所区别。但基本上都包含功能区、编辑区、工作表区、状态栏。

44. ABD 【解析】已打开现成 Excel 文件方式启动 Excel 软件的，可通过以下方法之一建立一个新的空白工作簿：①按击快捷键"Ctrl＋N"键；②打开"文件"菜单，点击"新建"菜单命令，选定其中的空白工作簿模板；③点击工具栏中的"新建"按钮（Excel 2003 为常用工具栏，Excel 2013 为快速访问工具栏）。

45. BCD 【解析】功能区在 Excel 2007 之后的版本才有。

46. ABCD 【解析】数据手工录入的方式有四种：在单个单元格中录入数据；在单张工作表的多个单元格中快速录入完全相同的数据；在单张工作表的多个单元格中快速录入部分相同的数据；在工作组的一个单元格或多个单元格中快速录入相同的数据。

47. ABCD 【解析】本题考查记录单处理记录的优点。四个选项均正确。

48. ACD 【解析】本题考查的是筛选的种类。筛选的种类包括快速筛选、高级筛选、清除筛选。

49. ABCD 【解析】本题主要考查数据透视表的设置。数据透视表的设置内容有重新设计版面布局；设置值的汇总依据；设置值的显示方式；进行数据筛选；设定报表样式。

50. BCD 【解析】图表不仅可以根据需要分别输入标题和各轴所代表的数据含义，而且可以适当调整大小及其位置。故本题选项 A 说法错误，正确答案为 BCD。

三、判断题（正确的请在题后括号中画"√"，错误的请在题后括号中画"×"。不判断、判断错误的均不得分）

1. × 【解析】在 Excel 中，清除指定区域是将该区域的数据、格式或附注等删除掉，但不影响该区域中的单元格与其他单元格之间的位置。

2. × 【解析】默认的工作表不够用时，可以根据需要予以适当添加。每个工作簿含有工作表的张数受到计算机内存大小的限制。

3. × 【解析】删除快捷方式，不是删除相应的应用程序。

4. √

5. × 【解析】"开始"菜单中的"我的文档"一项可以打开文档。

6. × 【解析】跨工作表单元格引用是指引用同一工作簿里其他工作表中的单元格,又称三维引用。

7. √

8. √

9. × 【解析】Excel 可以获取 SQL Server、Access 等数据库的数据,实现与小型数据库管理系统的交互。

10. × 【解析】为了改变运算优先顺序,应将公式中需要最先计算的部分使用一对左右小圆括号括起来,但不能使用中括号。

11. √

12. √

13. × 【解析】在公式中可以直接输入单元格的地址引用单元格,也可以使用鼠标或键盘的方向键选择单元格。

14. × 【解析】YEAR、MONTH、DAY 属于日期与时间函数。而 MATCH 属于逻辑函数。

15. √

16. √

17. × 【解析】Excel 根据公式自动进行智能运算的结果默认显示在该公式所在的单元格里,编辑栏则相应显示公式表达式的完整内容。

18. √

19. × 【解析】通过"开始"菜单可启动 Excel 软件,同时建立一个新的文档,该文档在 Excel 软件中被默认为工作簿。

20. √

21. √

22. ×　【解析】Excel 软件的默认用户界面因版本不同而有所区别。

23. ×　【解析】Excel 的操作命令后面带有"…"的，表示选择了这一命令后将打开该命令的对话框。

24. ×　【解析】Excel 的操作命令后面带有"?"的，表示该选项后面带有一个子菜单。

25. ×　【解析】状态栏默认位于窗口底部，可以显示各种状态信息，如单元格模式、功能键的开关状态等。

26. ×　【解析】任务窗格默认位于 Excel 窗口的右边。

27. ×　【解析】用户可以通过"自定义功能区"自定义选项卡。

28. ×　【解析】Excel 软件退出前必须关闭打开的文件。

29. ×　【解析】Excel 软件根据原文件自动创建备份文件的图标与原文件不同。

30. ×　【解析】按击"Delete"键可以对选择的 Excel 文件进行删除。

31. √

32. ×　【解析】通过组合键"Ctrl + Enter"可以在多个单元格中快速录入完全相同的数据。

33. ×　【解析】利用自动填充功能填充序列后，可以指定序列类型。

34. ×　【解析】单击"全部替换"即可完成对内容和格式的批量替换。

35. ×　【解析】在 Excel 2013 中，可以对工作表进行编辑权限设定。

36. ×　【解析】锁定单元格可以使单元格的内容不能被修改。

37. ×　【解析】Excel 中，创建公式的方式包括手动输入和移动点击输入。

38. ×　【解析】输入公式时，可以通过引用单元格的数值来创建公式。

39. ×　【解析】相邻的两个运算体之间必须使用能够正确表达二者运算关系的运算符进行连接。

40. ×　【解析】对于公式中需要最先计算的部分，可以使用一对小圆括号括起来，但不能使用中括号。

41. ×　【解析】采用复制粘贴的方法将公式原地复制后，进行选择性粘贴，可以粘贴数值。

42. ×　【解析】在单元格显示公式内容时，选中单元格，按下"Ctrl + "，可切换为显示运行结果。

43. ×　【解析】如果要使复制公式时数据源的位置不发生改变，应当使用绝对引用。

44. ×　【解析】混合引用是指所引用单元格地址的行标与列标中只有一个是相对的。

45. ×　【解析】参数序列是用于限定函数运算的各个参数，这些参数除中文外都必须使用英文半角字符。

46. ×　【解析】函数只能出现在公式中。

47. ×　【解析】同一列中各行数据项的类型和格式应当完全相同。

48. ×　【解析】DDB 函数中 cost 是必需参数，指固定资产原值。

49. ×　【解析】数据的分类汇总是指在数据清单中按照不同类别对数据进行汇总统计。

50. ×　【解析】图表不仅可以根据需要分别输入标题和各轴所代表的数据含义，而且可以适当调整大小及其位置。